短時間で成果をあげる

働きながら族に学べ！

マネジメントシステムコンサルタント
特定社会保険労務士
山本昌幸
Masayuki　Yamamoto

労働調査会

まえがき

「働きながら族」……。

初めて耳にする言葉だと思います。

「働きながら族」とは、逆境に強く、制限された環境のなかでも働く能力を発揮できる人たちのことです。

具体的には、

・働きながら家事や子育てをしている人

・障害を抱えながら働いている人

・働きながら勉強をしている人

・働きながら介護をしている人

・働きながら持病を治療している人

などの総称です。

この本では、「働きながら族」をいかに活用し、組織の業績を上げて、人手不足を乗り切るかを説明しています。ただし、<u>この本で応援する「働きながら族」とは、就業時間にただ居るだけの人のことではなく、日ごとの成果をあげる責任のある人のことです。</u>

残念ながら、「働きながら族」の"ながら族"という表現にはどちらかというとマイナスイメージを持たれる人が多いかもしれません。しかし、あえてこの表現を使用するのには理由があります。

働きながら子育て、介護、持病の治療、勉強をすることは当たり前のことだと思います。その当たり前を実践することがなんと困難な社会なのでしょうか！

この困難な社会をつくりだしている社会・企業への風刺として、あえて"ながら族"という表現にさせていただきました。

残念ながら、日本の多くの企業では、

・残業している社員がエライ

・長時間働いている社員は頑張っている

・定時に帰宅する社員は自己中心的

との印象が強く、働いた成果ではなく、働いた時間で評価している企業がなんと多いことでしょうか！

　どれだけ労働時間・残業時間を費やしたところで、成果をあげられなくては意味がないどころか、企業にとって非常にムダである残業手当の支払いが必要になります。仮に残業手当の定額制を導入していたとしても、その定額制はいつ撤廃されるかわかりませんし、そもそも、残業時間の存在自体が問題なのではないでしょうか？

　その点、なんとしても定時に退社しなくてはならない「働きながら族」は、決められた時間内で当日の作業目標を完遂することに長けており、この業務姿勢を企業は最大限活用するべきですし、組織風土として広める必要があります。

　本書では、私自身がかつて「働きながら族」であった経験をもとに、企業の模範社員といえる「働きながら族」をいかに活用し、その考え方を組織風土としていかに広めるのか、その手引書として執筆しました。

　現在、わが国では「一億総活躍プラン」のもと、「働きながら族」の積極的な活用が望まれています。この本を手に取っていただいたあなたの企業もぜひ、「働きながら族」が活躍できる組織風土を構築し、人手不足の解消、生産性の向上およびムダな経費の削減を実現してください。

山本　昌幸

もくじ

まえがき —————————————————————————— 1

序　章　人不足によく効くクスリこそが「働きながら族」————— 7

1　私自身が「働きながら族」だった ————————————— 8

2　すべての問題には原因がある
　　その原因を取り除く対策として「働きながら族」を活用する ——— 10

3　「高度プロフェッショナル制度」の考え方には賛同できる？ ——— 15

4　長時間労働はそんなに悪いのか？ ————————————— 17

5　あなたの会社は人手不足ですか？ それとも人材不足ですか？ —— 19

6　団塊の世代が労働市場から退場した後は「働きながら族」が主役— 23

第1章　「働きながら族」とは？ ————————————————— 25

1　有限である時間を活用する人、ムダにする人 ———————— 26

2　1秒当たりの給料を考えたことがありますか？ ——————— 28

3　「ハイ100万円」 ————————————————————— 31

4　仕事を依頼されやすい人 ————————————————— 32

5　「働きながら族」はコミュニケーション不足？ ——————— 34

6　「隠れ働きながら族」とは？ ——————————————— 43

7　「働きながら族」は生産性が高い ————————————— 45

8　「働きながら族」は自分に厳しい ————————————— 47

9　「働きながら族」の業務姿勢と成果は抜群！
　　でも勤務態度は悪い？ ——————————————————— 49

10　「働きながら族」は、時間の融通は利かないが、
　　仕事の融通は利く？ ——————————————————— 50

11　「働きながら族」にとっての仕事とは？ —————————— 51

第2章　あなたの組織の現状の問題点は？ ——————————— 55

1　指示待ちの社員は何％いますか？ ————————————— 56

2　のほほん社員は何%いますか？ ——————————————— 59

3　「でも返し社員」は何人いますか？——————————————— 61

4　「社長はいいなぁ社員」は何人いますか？ ——————————— 63

5　「あの人、なんであの地位なのか？」と思える
　　管理職は何人いますか？ ——————— 64

6　「遅いことならネコでもやる」……そんな社員いませんか？ ——— 68

7　「働きながら族」の足を引っ張る社員の存在——————————— 76

8　定時退社に対するアレルギーをなんとかできないのか？ ——— 77

9　あなたは上司、同僚、部下の仕事ぶりに満足していますか？ ——— 79

10　適切な評価制度がありますか？ ——————————————— 81

11　適切な能力開発制度がありますか？ ————————————— 87

12　あなたの会社の残業時間……本当に必要ですか？ ——————— 90

13　あなたの会社には「仕組み」がありますか？ ————————— 92

第3章　「働きながら族」、「ブラック社員」、「女性活用」を再チェック — 97

1　「ブラック社員」とは？ ——————————————————— 98

2　「ブラック社員」が根づく組織とは？ ————————————— 100

3　日本の失業率は本来0％？ ————————————————— 103

4　対角線上にある「働きながら族」と「ブラック社員」——————— 107

5　組織の浄化に必要な「働きながら族」
　　前向きさは伝染する ——————————————————— 109

6　なんでもかんでも「女性活用」に頼らないで ————————— 111

7　専業主婦ってそんなに悪ですか？ —————————————— 113

8　女性が能力を発揮できない原因とは？ ———————————— 114

9　「働きながら族」へのハラスメント？ ————————————— 120

10　働きたくない人に頼るのではなく、
　　働く意欲のある人が100％働ける社会へ —————————— 122

第4章　「働きながら族」が活躍するための組織のつくり方 ——— 125

1　胡坐をかいてはいけない「働きながら族」——————————— 126

2　「働きながら族」が活躍するための対策とは？ ———————— 129

3　対策①　日々、週次、月次の到達点を決めさせる——————— 130

4　対策②　成果をあげられなかった場合の原因を追究する
　　　　　（成果を完遂できた要因も追究する） ————————— 133

5　対策③　成果を完遂する「働きながら族」に対し高評価を与える ── 137

6　対策④　「働きながら族」とその他社員との処遇の区分け ─────── 139

7　対策⑤　「隠れ働きながら族」が安心して
　　　　　会社に事情を伝えられる仕組みの構築 ──────────── 140

8　対策⑥　なにがなんでも決めたことはやり遂げる組織風土の構築 ── 143

9　対策⑦　生産性向上に取り組む ─────────────────── 144

10　対策⑧　ムダな労働時間・残業時間の削減・撲滅 ───────── 147

11　対策⑨　「ブラック社員」対策 ──────────────────── 153

12　対策⑩　「働きながら族」の活用度を管理職の評価項目に入れる ── 154

13　対策⑪　「働きながら族」の割合・活用度を検証し、
　　　　　改善につなげる ─────────────────────── 164

14　「働きながら族」を活用するには
　　「他人を思いやる気持ち」が重要 ────────────────── 165

15　「働きながら族」を大切に扱えない企業の「顧客満足」─────── 166

16　「働きながら族ハラスメント」のない組織へ ─────────── 167

17　「働きながら族」だけで構成する組織の構築 ────────────── 169

18　「働きながら族」が活躍する組織への助成金 ───────────── 171

第5章　「働きながら族」の活用で組織を活性化しよう！ ──────── 173

1　組織で「働きながら族」を推奨しよう ───────────────── 174

2　職場を業務遂行の場だけにしないこと ───────────────── 176

3　「働きながら族」の活用が根づいたとき、
　　スゴイ組織になっています ──────────────────── 178

4　在宅勤務の「働きながら族」を活用した
　　ビジネスモデルはできないのか？ ───────────────── 179

5　社外にＰＲしよう！ ─────────────────────── 181

6　「働きながら族」が「働きながら族」を助けよう ──────────── 183

あとがき ───────────────────────────── 186

序章

人不足によく効く
クスリこそが
「働きながら族」

1　私自身が「働きながら族」だった

　冒頭から私の身の上話で恐縮ですが、少々おつき合いを。

　私の母は生まれながらにして足が不自由で、そのうえ病気がちでもあり、私が就職する際も母と離れて生活することは考えられず、自宅通勤できる勤務先は必須条件でした。また、父は私が小学校6年生のときに家を出たまま別居状態となり、その後、母と離婚しています。

　そのような、足が不自由で病気がちの母を、姉と私で支えあっての生活でした。余談ですが、私は非常に気持ちの切替えが早く、イヤな気分をすぐに正常に戻すことを心がけています。その理由には、母の存在がありました。幼いころから、私も姉も母と口論することはありましたが、学校や遊びに出かけるときは必ず仲直りした状態で出かけていました。その理由は、

母に会えるのが最後かもしれないからです。

　母自身、よく寝込んでいましたので、少々大げさかもしれませんが、子供心に「いなくなってしまう（亡くなってしまう）のでは」という気持ちがいつもあり、そのため、母の側を離れるとき（学校に行く場合など）は笑顔で出かけたかったのです。

　社会に出てからは、母の病院通いなどをこなしながら働いていました。姉も遠方に嫁いだのですが、1年の半分は実家に戻り、母の世話をしつつ、私の仕事も手伝っていました。

　その母も10年以上前に亡くなり、私自身は「働きながら族」ではなくなったのですが、母と生活している期間は、理解ある周りの方

や会社に大変お世話になり、現在に至っています。

　このような自分自身の「働きながら族」であった経験や、周りの方にお世話になった感謝もあり、自分が主宰している小さな組織でも積極的に「働きながら族」を活用しています。

　そこで気づいたことがあるのです。

　　　それは、**「働きながら族」は生産性が高い**ということです。

　これはある意味当然なのかもしれません。

　なぜかといいますと、「働きながら族」は、退社後に別のやるべきことがあり、必ず退社時刻を守りたいのです。そうしますと、責任感のある方はなにがなんでもその日一日の作業目標は完遂しようとするのです。その日の作業を完遂するためには、ムダ話、長時間のムダな退席、ムダな喫煙、ムダなスマホいじりおよび長時間のトイレなどに費やす時間はありません。

　自分自身が「働きながら族」であったときのことを思い返すと、確かにその日の作業目標をなにがなんでも達成しないと気が済みませんでした。残念なことに週の1、2日は作業計画が狂い、作業が完遂できないこともありましたが、そのやり残した作業も必ずどこかで穴埋めすべく頑張っていたと思います。

　このような業務姿勢について、私の考えでは、働きながら別にやるべきことがある人は、その"やるべきこと"に対しての実施責任があり、その"実施責任"は、会社での仕事に対しても非常に高いのではないか、ということです。

　もちろん、「まえがき」に書いた、"就業時間にただ居るだけ"のたいして存在意義のない「働きながら族」がいることも否定しませんが、そのような歓迎されない「働きながら族」についても、組織風土次第で改善されるのではないかと思います。

2　すべての問題には原因がある
その原因を取り除く対策として「働きながら族」を活用する

　現在、多く企業で問題になっているのが残業時間です。

　この残業時間、ようするに長時間労働が社会問題になっています。長時間労働を削減するためにさまざまな取組みがありますが、長時間労働を削減するうえであまり意味を持たない施策として、

　①変形労働時間制の採用

　②小手先の残業削減対策

の2点があります。

①変形労働時間制の採用

　変形労働時間制の採用は残業手当を削減するためには非常に有用ですが、長時間労働の削減にはあまり役に立ちません。

　そもそも、変形労働時間制とは日、週、月などの労働時間にメリハリを持たせ、結果的に残業時間（残業手当）を発生させないための施策であり、変形労働時間制を導入したところで総労働時間は削減されませんので、長時間労働の削減には役立たないのです。

②小手先の残業削減対策

　小手先の残業削減対策とは次のような施策です。

　・午後6時に強制消灯

　・残業の許可制

　・ノー残業デーの設定　など

　これらの対策を取り入れたところで、強制消灯された暗いオフィスで隠れて残業したり、自宅に持ち帰り作業を行うなど、違法残業

の可能性が否定できません。

　そもそも、能力の向上や改善が見られない社員が、従来と同量の業務を処理しなくてはならないことが変わらない状態で、強制消灯や残業の許可制を実施したところで、やらなくてはならない作業は減りません。

　では、どこでその作業を処理するのか？　ということですね。

すべての問題には原因がある！

（すべての成果にも要因がある！）

　このことはどうしようもない事実です。

　"問題" ＝残業　ですから、**残業には原因がある**ということになります。

　この残業の原因を追究し、取り除かないことには長時間労働是正は非常に難しいものです。

　この「原因追究を実施し仕組みにより時短を実現する」ためのマネジメントシステムについては、私が策定した仕組みがあり、書籍も執筆していますので、そちらをご参照ください。本書では、ムダな残業時間を発生させないで成果を出すことができる「働きながら族」に焦点をあてていきます。

　「働きながら族」は、なぜ決められた時間内で（もしくは、わずかな時間外労働で）成果を出すことができるのでしょうか？

　この詳細については「第4章」で解説していきますが、「働きながら族」が決められた時間内で「成果を出す」もしくは「成果を出すように頑張る」ことは確かだといえます。

　私は20年近くのマネジメントシステム専門家としての経験から、決して「成果だけあげれば良い！」という考えではなく、

　「適切なプロセス管理のもと、成果をあげることが必要である」

と考えています。

　この考えを、

> ・働いた時間＝プロセス
> ・完遂させた結果＝成果

と位置づけると、良い成果をあげるためには、働く時間の中身が重要ということになります。

　「働きながら族」は、この"働く時間の中身"が非常に濃いのです。

　この「濃い働く時間」を実現できている「働きながら族」のプロセスを全社員で実現することにより、高収益体制の組織ができあがるのです。そのため、「働きながら族」こそが模範社員なのです。

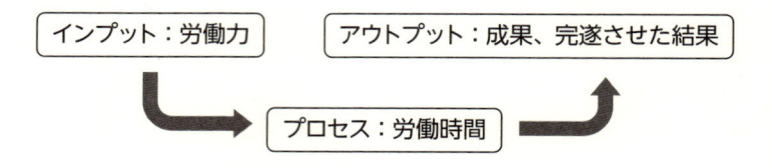

> インプット：労働力　　アウトプット：成果、完遂させた結果
> プロセス：労働時間
>
> 適切なプロセス（作業内容・労働時間管理）のもと、
> 望ましい成果を得ることができる。

　残念ながら、多くの企業では「働いた成果」ではなく、そのプロセスである「労働時間」で社員を評価している場合が多いです。

　このように「労働時間」で評価することが適切な業種は、ライン作業のように「労働時間数＝生産数」と明確になっている製造業な

どの一部であり、ホワイトカラーではなじまない評価方法です。ホワイトカラーの職場で「長い労働時間・残業時間」が高評価である企業は、適切な評価軸を保有していない問題企業といえるでしょう。

このような意見を述べると、「当社では長時間労働をする社員に高評価を与えてはいません」との意見を述べられる企業がありますが、果たしてそうでしょうか？　長時間労働（残業）に高評価を与えているつもりはなくても、残業手当という対価を与えているのではないでしょうか？（残業手当を支給していないのであれば、それはブラック企業？）。

なぜ、決められた時間内で処理できない社員に
・長時間働いているという高評価
・残業手当という金銭的対価
を与えなくてはいけないのでしょうか？

逆に、決められた時間内で成果を出す「働きながら族」は、
・定時にサッサと帰宅する割切り社員
・給与は毎月決められた額のみ支給
という、あまりうれしくない評価で金銭的インセンティブもありません。

これって、**トンデモナイ格差**ですよね！？

実は、「働きながら族」は少数派ではなく、働く人々には皆、さまざまな制約があり、それらを勘案しますと労働人口のほとんどがなんらかの「働きながら族」といえるのかもしれません。しかし、「働きながら族」を自認してメリハリのある行動をとると組織内の風当たりがなぜか強くなるのです。当たり前の行動をして、当たり前の主張をするだけなのにです。

満員電車のなかで我慢して立っている妊婦の方は同情の対象とな

りますが、優先席に座っている妊婦さんには風当たりが強い場合があります。それと同じでまったく理解できません。

　しかし、この本を手に取っていただいたあなたには、「働きなが ら族」のことを理解し、見習うべきことを見習い、生産性の高い収益体質の企業を構築していただきたいのです。

3 「高度プロフェッショナル制度」の考え方には賛同できる？

　私にとっては、働いた時間ではなく、成果で評価される労働時間制度である「高度プロフェッショナル制度」は、賛否云々ではなく、考え方としては賛同できる側面があります。ただ、ある一定以上の高額給与の方だけではなく、一般的な給与の方も対象にすべきだと考えています。このような意見を書くと、「非常に危険な意見」と指摘を受けるかもしれませんが、あくまで、"賛同できる側面があります"ということであり、「高度プロフェッショナル制度」すべてについて賛同しているのではありません。一般的な給与を支給されている社員を対象にすることで、ムダなダラダラ残業が抑制される可能性があると考えるからです。

　ここで一つ、私の関与先企業の例を紹介します。

　その企業には総務部員が数人いました。その数人の総務部員の残業時間は1日約2時間。当然、その分の月40時間ほどの残業手当を支給していました。そしてあるとき、あるマネジメントシステムと人事評価制度導入の際、作業プロセスの洗い出しを行ったのですが、どう考えても総務部は月40時間の残業を必要としないのです。そのことを社長に話すと、社長は総務部と同フロアのほかの社員にも意見を聞き、「やはり、総務部はムダな残業をしているのでは？」との意見が返ってきました。そこで私は、ある施策を提案し、実施することにしました。ルールを決め、そのルールに則らない残業については一切残業手当を支給しない旨を社長からその数人の総務部員に伝えたところ、その日から残業時間がゼロになりました。

　これは極端な例かもしれませんが、このような企業の場合、「高

度プロフェッショナル制度」の導入は長時間労働の抑制に効果があるといえるでしょう。

　ただし、こうした「劇薬的な制度」は、使用する側のモラルが非常に問われることになります。私は「高度プロフェッショナル制度」を「残業代ゼロ法案」とまでは思いませんが、この制度を悪用した場合、過労死が増えることは否定できないと思います。

　ようはどんなに良い仕組み・制度・法律であっても悪用する輩がいるということです。

　この"悪用する輩"を阻止するためには、**ある一定の基準をクリアした組織だけが導入できるようにすれば良いでしょう。**

　また、「働きながら族」を多数雇用している企業であれば「高度プロフェッショナル制度」の導入はほかの企業よりは現実的ではないでしょうか。ただ、その場合でも非常に重要なことは

企業が求める成果の見積りです。

　企業が要求する「社員が出すべき成果」と「労働時間」が一致しているのかということです。

　実はこの"見積り"ができていない企業が非常に多いというか、ほとんどの企業がそうなのではないでしょうか。

　このことからも「高度プロフェッショナル制度」が現実的になったとしても"企業が求める成果の見積り"ができない企業での導入は、「残業代ゼロ法案」と表現されても仕方がないでしょう。

　いずれにせよ、働いた時間ではなく成果で評価することについて、すべての企業で一考の余地があると思われます。ただし、「成果さえ出していればなにをやっても構わない」ということではなく、**「適切なプロセス管理のもとに成果を出す必要がある」**ことをよくよく理解してください。

4　長時間労働はそんなに悪いのか？

長時間労働は良くはありません。最近の風潮としては、

長時間労働＝悪！

であり、なにがなんでも長時間労働を削減すべく、本章 **2** であげた、とりあえずの"小手先の残業削減対策"に走っている企業が散見されます。これらの"小手先の残業削減対策"を応急処置として実施しているのであれば構いませんが、あくまで"応急処置"であることを意識したうえで、長時間働かなくてはならない原因を追究のうえ、その原因を取り去る対策を施していただきたいものです。

"長時間労働＝悪"という風潮が広まってくると、なにがなんでも長時間労働を削減しなくてはならなくなり、一番大切なことが置き去りにされていくように思えるのは私だけでしょうか？

一番大切なこととは、

**労働時間の長短に関係なく
必ず成果を出す必要がある！**

ということです。

"長時間労働＝悪"が広まった結果、成果を出すこと云々ではなく、長時間労働をなくすことに主眼が置かれているのであれば、本末転倒であり、企業活動の根幹が揺らいでしまうことになるでしょう。

成果とは、「期日ごとの到達点」のことです。就労の結果、到達点に達していないのであれば、労働を提供して対価（通常は賃金）を得る者としての義務を果たしていないことになります。

　就労の結果、到達点に達しない原因は社員の責任だけとはかぎりませんが、なんらかの原因が社員側にもあると思われます。

　現在の“長時間労働＝悪”という風潮が、成果という「期日ごとの到達点」をあいまいにしてしまう組織風土の構築につながることを危惧しています。

　そこで、「働きながら族」です。「働きながら族」は成果にこだわります。日常、残業ができない（もしくは、残業ができたとしても長時間はできない）状態にあるため、組織や同僚および上司に対して負い目を感じている人が多いのです（本来、この“負い目”は、ムダなことであり、このような“負い目”を感じることのない組織を一つでも増やすことが、本書のねらいでもあります）。

　ですから、「働きながら族」は、成果にこだわるのです。

　長時間労働を提供できない分、決められた時間内で成果を出さざるをえないのです。

　この、**なにがなんでも成果を出す**という考え方を、ぜひ、組織風土として不変のものにしてほしいのです。

　賃金を得る対価として、労働を提供し成果を出すことは当たり前のことなのですが、この当たり前のことができていない社員が非常に多いのです。

　これらの組織や社員が真の意味で取り返しがつかなくなる前に「働きながら族」というクスリを組織で活用し、

　・温かい目で見守り

　・見習うべきことを見習い

　・フラットな組織の実現

につなげてください。

5　あなたの会社は人手不足ですか？ それとも人材不足ですか？

　最近は、「人手不足」という言葉が氾濫しています。しかし、よく考えてみると、

①単に人数が足りない人手不足

②有能な人材、目的を持った人材が足りない人材不足

の２種類に分けられると思うのです。

①単に人数が足りない人手不足

　この人手不足はすべての企業に起こりうることです。

　ただ単に働き手が足りない状況のことであり、その働き手が担当している作業はいわゆる「代わりがきく作業」ということになります。

　この人手不足の場合、当該企業が、

・社会にとって必要な企業

・社員にとって必要な企業

である場合には、意外と容易に人手不足対策が可能なのです。その根拠と詳細についてここでは割愛します（興味のある方は拙著『人手不足脱却のための組織改革』をご覧ください）。

　社員としては、会社から「あなたの担当している作業は代わりがきく作業ですから、あなたでなくても構わないのですよ」と評価されている場合、あまり心地良いものではありませんね。

　誤解がないように説明しますが、「代わりがきく作業」であっても、「代わりがきかない人材」は存在します。ようは、「代わりがきく作業」であっても、大多数の「代わりがきく人材」と少数の「代わりがき

かない人材」がいるということなのです。

②有能な人材、目的を持った人材が足りない人材不足

これこそが本当に困った人手不足です。

この人手不足は、比較的大手企業・有名企業であっても起こりえる現象であり、急成長した企業では最も起こりやすい人手不足といえます。

■有名企業でも起こりうる本当に困った人手不足

なぜ、比較的大手企業・有名企業および急成長した企業でも、この"有能な人材、目的を持った人材"が不足してしまうのでしょうか？

一般的に福利厚生が安定しているイメージがある大手企業や会社名を目や耳にする有名企業および高収益商品・サービスを提供している急成長企業は、求職者からのイメージも良く、応募が集まりやすいことは周知の事実です。そして、これらの企業には高学歴の人材が応募します。

しかし、ここ数年、より明確になってきた事実があります。それは、

「高学歴人材＝仕事ができる」とはかぎらない！

ということです。さらに、

「高学歴人材＝管理能力に長けている」とはかぎらない！
「高学歴人材＝目的を持っている」とはかぎらない！
「高学歴人材＝精神的に強靭」とはかぎらない！

のです。ただ、確率論的にいえば、高学歴人材は管理能力に長けている可能性や目的を持っている可能性が高いということです。逆に高学歴と精神的に強靭なことは、因果関係がまったく見えないどこ

ろか反比例の可能性があります。

　仕事の出来についても高学歴人材は仕事を処理するためのバックグラウンドが豊富であることは確かですが、かといって、仕事の処理能力は別物と考えるべきでしょう。しかし、「地頭の良さ・機転が利く」は仕事の処理能力と因果関係があると思われます。

　高学歴の定義とは少々異なりますが、資格試験の合格者についても同様のことがいえます。

　資格試験に一発合格してしまう人材であっても、仕事の処理能力が低い人を数知れず見てきました。逆に資格試験にはなかなか合格できないのですが、仕事の処理能力は非常に高い人も数知れず見てきました。このことについては、業務処理に資格が必要である組織の長や管理職であれば、同様の意見の方が多いと思われます。

　なぜ、このようなことが起きているのでしょうか？

　ところで、あなたは、「人はどのようなときに能力を発揮するのか？」についてどのように思われますか？

　私の考えでは、

　　・目的を持った状態
　　・切羽詰まった状態（やらなくてはならない状態） です。

　"目的を持った状態"になったとき、人は能力を発揮できるものです。問題は、その目的を持つことが人や状況によって少々難しいことです。しかし、一度目的を持ち、「達成しよう！」という強い意志を持ったのであれば、能力を発揮できる状態になったということです。

　人事制度や能力開発制度についても、いかに人材に目的を持たせるのかが重要であり、私はそのために組織が各社員に対して要求する「能力（力量）のハードル」を設定する制度である「プロセス人事制度」（私は最強の人事制度だと思っています）を積極的に推奨

しています。

　もう一つの能力を発揮できる状態である"切羽詰まった状態（やらなくてはならない状態）"については、説明の余地はありませんね。やらなくては、なにかを失ったり、当然得られるべきもの（コト）が手に入らなかったり、現状より悪い状態に陥るのですから。特に人は「なにかを得たい欲望」より「すでに得たものを失いたくない欲望」の方が強いといわれています。このことから、やるべきことを実施しなかった結果、なにかを失う状況にある人は必ず「やる！」という行動を起こします。

　このことが「働きながら族」に当てはまるのです。例えば子育てしながら働いている社員にとって、仕事を決まった時間内に完遂できないことは、会社・上司からの信頼を失うことになりますし、場合によっては仕事を失い、収入を失うことになります。そして、収入を失うことにより愛する子の適切な養育の機会を失う可能性さえあります。ただ、このことが当てはまる「働きながら族」は、「まえがき」に書いた、就業時間にただ居るだけの人ではなく、日ごとの成果をあげる責任のある「働きながら族」のことを指します。

　有名企業でも起こりえる本当に困った人手不足である "②有能な人材、目的を持った人材が足りない人材不足"への対策として「働きながら族」の積極活用が効きます。もちろん、「働きながら族」を、部下が数十人いる管理者とすることは勇気がいることであり、場合によっては難しいかもしれません。しかし、管理者こそ決められた時間内で成果を出す見本を示さなくてはなりませんので、この"勇気"は必要なことなのです。

6　団塊の世代が労働市場から退場した後は「働きながら族」が主役

　団塊世代の労働者の方たちは、打たれ強く、とにかくよく働いた印象があります。なぜ、団塊の世代の方たちはあれほど働くことに対してモチベーションが高かったのでしょうか？　あくまで私見ですが、働いた分だけ成果となって表れたからではないでしょうか。別の見方をしますと、仕事に対する日々の目的・成果を明確にしたうえで、仕事に取り組み、成果を出してきたのだと思われます。

　仕事に対する日々の目的・成果を明確にしたうえで、結果を残すことができる「働きながら族」は、団塊の世代の方たちに通じるものがあります。その「働きながら族」の多くは団塊世代ジュニアであることも事実です。団塊世代ジュニアは働く父親の背中を見ながら成長し、自分が働く側になったときに、「よく働き」、「成果を出す」ことを実践しようとしているのでしょうが、いかんせん労働時間は無尽蔵ではありませんので、かぎられた時間内で成果を出すことにこだわっているともいえます。

　この「働きながら族」こそ、団塊世代の労働者に代わる主役と位置づけ、労働力を担保・活用していくことこそが、今後の組織の労働力担保のあり方ではないでしょうか。

第1章

「働きながら族」
とは？

1 有限である時間を活用する人、ムダにする人

　時間はすべての人に平等に与えられています。

　その与えられた時間をどれだけ有効に活用するかで、その人の人生が大きく左右されるといっても過言ではありません。

　一生懸命働いていても惰眠を貪っていても同じ1時間です。どうせ同じ1時間であるのなら「意味のある1時間」にしたいものです。

　仮に、ワンフロアで20人ほどが働いている組織があるとしましょう。そのフロアで20人がすべて入るように写真撮影……は無理だと思いますので、あなたの「眼」というカメラで瞬間撮影してみてください。20人のうち、果たして何人が作業をしているのでしょうか？

　作業をしていない例とは、

- ・お茶を飲んでいる人
- ・お茶を淹れている人
- ・新聞を読んでいる人
- ・コピーの順番を待っている人
- ・スマートフォンをいじっている人
- ・仕事と関係ないインターネットを閲覧している人
- ・仕事と関係ない話をしている人
- ・歩いている人
- ・たばこを吸っている人（吸いに行っている人）
- ・トイレに行っている人

これらのほとんどはムダなことです。もちろん生理現象としてトイレに行くことを止めることはできませんが、過度に長いトイレやスマートフォンを見るためのトイレはムダですし、製造業のライン作

業であれば休憩時間以外にトイレに行くことは難しいでしょう。

　私はこれらのムダな行動を責めているのではなく、切羽詰まった状態でやるべきことが山積している場合にこうした行動を取るのか、ということです。

　確かに一見ムダに思えても必要な行動が存在することはあります。ただ、「働きながら族」は、このような行動を極力抑えているのです。

　ここで考えてほしいのは、**時間活用のバランスシート**です。

　例えば、１日８時間労働だとすると、資本投入される時間は480分（60分×８時間）ということになります。この480分が資産（＋）に振り分けられたのか、負債（－）に振り分けられたのか。

　「働きながら族」は、資産に振り分けることが上手な労働者といえるでしょう。

　私事で恐縮なのですが、２年ほど前まで私の起床時刻は４時半〜５時でした。理由は、朝は頭が冴えているので非常に仕事が捗るのです。しかも恐ろしく寝起きが良いのです。しかし、この早起き、次第に問題が出てきました。問題とは、仕事のいくつかを翌日の朝に回してしまうのです。「朝早く起きるからこの仕事は朝やろう」と。

　本来であれば前日のうちに処理しておくべき仕事が翌朝回しとなってしまうのです。これでは本末転倒ですね。長時間労働で会社に長く居残っている社員もこの考えを持っているのではないでしょうか。「18時以降に頑張ればいいや」と。

　その点、「働きながら族」には、追加時間も延長戦もありませんので、決められた時間のなかで成果を出さなくてはなりません。このことが、有限である時間を有効に活用することであり、ほかの社員にもぜひ見習ってほしいのです。

2　1秒当たりの給料を考えたことが　ありますか？

■ 1秒当たりの給料？

賃金は労働の対価として支払われるものですが、

・あなたの年収はいくらですか？

・あなたの月給はいくらですか？

については、即答できるでしょう。また、日給で働いている方やパート労働者の方は時給についても認識があると思います。

それでは、**あなたの秒給はいくらですか？**

秒給とは1秒当たりのお給料のことです。例えば月給25万円の従業員の場合、

$$250{,}000円 \div 171時間 \div 60分 \div 60秒 \fallingdotseq 0.406円$$

（171時間の根拠：1週40時間労働の場合、

1か月30日の場合の月の所定労働時間）

1秒当たりの給与＝0.406円となります。

この数値を見て、どう思いますか？

2人の社員が3分間ムダ話をしただけで、146円（0.406円×180秒×2人）をドブに捨てているのです。

前節で説明したワンフロアに20人働いているオフィスでは作業をしていない人がたくさんいましたが、その"作業をしていない人"に対しても、一生懸命作業をしている人と同額の給与を支払っているのです。これが、時間外労働であるなら25％〜50％割増しとなり、恐ろしくて考えたくなくなります。

■コピー用紙の裏紙使用はかえってコスト増？

　私はマネジメントシステムの審査員として環境マネジメントシステムに取り組んでいるさまざまな企業に訪問して審査する業務を行っていますが、そのなかの取組みで多いのがコピー用紙の裏紙の使用です。

　この取組みは環境保全のうえでは効果的かもしれませんが、コストがかかる取組みといえます。

　いま、使用するコピー用紙のほとんどを占めるＡ４用紙は１枚0.6円ほどでしょうか。この0.6円を節約するために次の経費が発生するのです。

- ・ミスコピーを裏紙用紙置き場に置く：２秒
- ・裏紙を使用するためにコピー機に裏紙をセットする：３秒

最低でも５秒かかります。

　0.6円を節約するために2.03円（0.406円×５秒）の人件費が必要なのです。さらに組織の情報が外部に漏れることを防ぐために、使用して良いミスコピーと使用してはいけないミスコピーを識別する作業が必要です。ほかにもミスコピー用紙はコピー機に詰まりやすいので、その処置、コピー機に用紙をセットする際の表裏の間違え、ミスコピー面に無効文書であることを記載するための×印の記入など手間のかかる作業が目白押しで、実際はミスコピーの使用は１枚当たり５秒では済みません。

　「環境対策にはお金がかかる」と割り切ってしまえばそれまでですが、作業上、非常にムダであることに変わりありません。

　さらにもう一つ問題なのは、情報漏えいの危険です。このため、ミスコピー（裏紙）の使用を禁止している組織があるように、裏紙の利用には注意が必要です。

　このように、今後はミスコピーの再利用を抑制する方向に進める

ので、ムダな作業が一つオフィスから消えることになります。

■ 「働きながら族」のムダを省く意識

ムダな事例をミスコピー使用について秒給で考えてみましたが、秒単位の作業でムダな作業がオフィス内には蔓延しています。その蔓延しているムダな作業に対して鋭い嗅覚を持っているのが「働きながら族」といえるのです。

「働きながら族」のように決められた時間内で成果を出さなくてはならない人は「ムダ」について常に意識を持っており、漠然と問題意識を持たずにいわれたことを処理している社員とは一線を画すのです。

作業を1秒当たりで考えると、オフィス内がずいぶんと殺伐とした雰囲気になってしまうと思われるかもしれませんが、製造現場で本気で生産性を向上させる場合は秒単位で生産性を上げていかなくてはなりません。製造現場では当然のことが事務作業では例外という甘えは許されないのです。どのようなことにも原則に対して例外はつきものですが、いまの世の中"例外"が多すぎるのではないでしょうか。

また、"例外"と思っているのは本人たちだけであり、ほかの人たちから見ると例外でも特殊でもないことが多いものです。

3　「ハイ100万円」

　以前、テレビ番組で、なにかにつけて「どうもありがとう。ハイ100万円」とお金を手渡している番組がありましたが、結果的に同じようなことが行われている組織があります。

　本章 2 で、月給25万円の従業員の秒給が0.406円であることを説明しました。実際は、社会保険・労働保険などの法定福利費や交通費、そのほかの福利厚生費を勘案するととても0.406円では収まらないのが現実ですが、ここでは秒給0.406円としておきましょう。

　あなたの会社にタバコを吸う人はいますか？

　仮にタバコを1日5本、1回当たり4分（240秒）で吸って、それを10年間続けるとどうなるのでしょうか？

　　　　0.406円×5本×240秒×240日×10年＝1,169,280円

　10年間で100万円以上のムダな人件費が発生しているのです。

　もちろん、「働きながら族」であっても喫煙している人はいるでしょうが、喫煙を優先させることは少ないでしょう。

　自分なりに仕事の段取りがつけられ、決められた時間内の到達点が見えてきた場合に喫煙するのであり、漠然と作業を放り出して喫煙しに行くという「なんとなく喫煙」をしている暇はないのです。

　実は、私は生涯喫煙したことがないので、喫煙者の気持ちがわからず、あまり知ったかぶりはできないのですが、喫煙したことのない者から見れば勤務時間中の喫煙はサボり以外のなにものでもないと思えてしまうのです。この考えが100％正しいとは思いませんが、率直な感想です。また、元喫煙者からの意見はさらに厳しいものになるのではないでしょうか。

4 仕事を依頼されやすい人

　あなたが組織で部下に作業を依頼する場合、どのような部下に依頼しますか？

　もちろん、依頼しやすい部下ですよね。

　では、"依頼しやすい部下"とはどのような部下なのでしょうか？

　①業務処理がスムーズで有能な部下

　②仕事を依頼しても嫌な顔をしない部下

①業務処理がスムーズで有能な部下

　上司にとっても、依頼した作業のアウトプットである出来栄えについては良いに越したことはありませんので、出来栄えが期待できる、もしくは手間のかからない（お任せできる）部下に依頼したくなる、のは当然です。

　また、業務処理がスムーズな部下は、態度というか出しているオーラが殺伐としていませんので、依頼しやすいですね。

　要領が悪く、段取りが悪い部下にかぎって殺伐としたオーラを醸し出しているので、上司といえども作業が依頼しにくいのではないでしょうか。このことは、次の"イヤな顔をしない部下"にも通じるものがあるでしょう。

　このことから一つ感じることは、

忙しさを醸し出している人＝能力が低い？

のかもしれないといことです。

②仕事を依頼しても嫌な顔をしない部下

　これは当然のことですね。上司も人間ですから、自分自身、嫌な思いをしたくないので、業務依頼したときスンナリ「わかりました」と応えてくれる部下に依頼してしまうのです。逆に業務依頼したときにイヤな態度をとられたり、「えっ、私がやるのですか？」などと答える部下には依頼したくないのが本音です。

　このような業務依頼を重ねていくと、

　・仕事が増えていく部下（社員）

　・仕事が増えない部下（社員）

の差が広がっていくのではないでしょうか？　そして、仕事が増えない部下（社員）は、その状態が普通になり、たまに業務依頼されるとさらに嫌な顔や態度をとり、その結果、仕事の依頼がなくなりどんどん暇になって会社を辞める羽目に……ではなく、それが当然となり非常に生産性の低い、「のさばり・割切り社員」ができ上がっていくのです。

　以上、勘案しますと、ようするに能力が高く性格の良い部下には作業が集中し、反対に性格の悪い部下は楽をしているということになります。

　これは非常に不公平なことです。あなたも周りを見回してください。仕事が集中している人は能力が高く、性格の良い人ではないですか？　反対に、暇そうにしている人は能力が低く、性格がイマイチな人ではないでしょうか。

5 「働きながら族」はコミュニケーション不足？

本章 **4** のような状況でできあがった生産性の低い社員は

A 特にたいした仕事をしないで定時退社する割切り社員

B 終業時刻以降に仕事をやり出す（仕事をするフリを含む）
残業代目当ての社員

のいずれかに振り分けられます。

組織として時短を推進していく場合、これらの社員の存在は非常に厄介であり、仮に「時短プロジェクト」を進めた場合のプロジェクトリスク※となりえるのです。

このような生産性の低い社員の存在によって一番迷惑を被っているのが「働きながら族」です。

前述の「A 特にたいした仕事をしないで定時退社する割切り社員」と「働きながら族」は、"定時退社"という行動だけ見ると同一ですが、これが厄介なのです。

仮に、

Ｘさん：生産性の低い問題社員

Ｙさん：日ごとの成果をあげる「働きながら族」

の場合、ほかの社員や時として上司からも、「ＸさんもＹさんも同じ」と評価される可能性があるのです。適切な評価軸を持たず、働いた時間で社員の頑張りを測っている「昭和の時代タイプの組織」では、特にその可能性があります。

※プロジェクトリスク
　プロジェクトの進行が妨げられる可能性のあるリスク

　Ｘさんと Ｙさんでは、仕事のプロセスも成果もまったく異なります。しかし、"定時退社"という同一の行動だけで評価が同じになってしまうのです。これは非常に困ったことです。

　私が思うに、日本の企業には、**定時退社に対するアレルギー**が存在しています。

　やるべきことを通常の就業時間内に完遂し、定時退社することはなんら問題がなく、かえって賞賛されるべきことなのですが、なぜ、非難の対象になってしまうのか。

すべての問題には原因がある！

（すべての成果にも要因がある！）

は前述のとおりであり、表現を変えると、

すべての現象に根拠がある

ということです。

　では、なぜ、定時退社が非難の対象になってしまうのか？　それは、**定時退社する生産性の低い問題社員**の存在ではないでしょうか。

　この"問題社員"の具体的な例としては、

・作業が遅い

・できな言い訳ばかりする

・成果が出せなくても気にしていない

・席を外していることが多い（喫煙、お茶飲み、ムダなトイレなど）

・約束が守れない　　など

　ようするに、指示されたこともまともにできず、権利ばかり主張する、いわゆるブラック社員といえる社員でしょう。

　このような問題社員に対して、会社や上司は、

「仕事もろくにできないのに定時退社して！」

と感じているのです。

そして、その"定時退社"という、問題社員と「働きながら族」の数少ない共通点により、同じような評価が下され、「働きながら族」は非常に迷惑しているのです。

ただ、単に"定時退社"という共通点だけで同じような評価が下されているとはかぎらず、ほかにも原因があると思われます。

ここでは、「働きながら族」の側の原因を探ってみます。

■「働きながら族」はコミュニケーション不足？

これは「働きながら族」に非があるわけではないのですが、「働きながら族」にとって、時間は非常に大切なのです。1分1秒ムダにしたくないのです。そうすると、一般的な職場でコミュニケーションと称される「社員同士のおしゃべり」には、参加しません。

1分1秒ムダにしたくない「働きながら族」にとって、おしゃべりによる時間のロスは非常にもったいないと思えるのです。ですから、社員同士がおしゃべりに興じていたとしても、一人黙々と仕事をしているのです。そのような態度から、

・協調性がない

・コミュニケーション力が欠けている

と判断される場合があるのです。さらにこのような判断を正当化している事実として、この"おしゃべり"が無駄な内容ばかりではなく、問題発生時の相談・打合せの一つととらえられる場合があり、その、"相談・打合せ"に参加して解決しようとしない非協力的な存在とレッテルを貼られることがあるため、頭が痛いのです。

ただ、私が主宰する当社・当事務所の経験から申し上げると、な

にか問題と思われる事態が発生したところで、その事務所内にいる全員が自分の作業を止めてまで、相談・打合せに参加する必要があるのでしょうか？　私は「NO!」だと思います。

　なにか問題が発生した場合には、その問題に関係している業務の担当者が必ずいるはずです。その担当者が処理すればよく、ほかの社員の意見を聴きたいのであれば、その担当者自らが、該当社員に意見を求め、決して砂糖に群がる蟻のごとく集まってくる必要はないのです。ましてや、蟻の如く集まらなかった「働きながら族」をコミュニケーション不足と判断することは非常に問題でしょう。

　以前、当社でほかの社員といまひとつコミュニケーションが上手くいっていないと思われる社員（Ｚさんとします）がいました。Ｚさんが退職するとき、「Ｚさんは皆のおしゃべりにも参加しないで偉かったですね」と労ったのですが、そのときの返答が少々泣けるものでした。

「私も皆さんの話の輪のなかに入りたかったのですが、業務
**　処理が忙しくて入る余裕がなかったのです」**

　確かにＺさんの生産性は高いとはいえない部分もあったのですが、私も私のビジネスパートナーもＺさんを非常に信頼していましたので、もう少しＺさんをフォローしてあげることができればよかったと反省しました。

　Ｚさんは「働きながら族」ではなかったのですが、このことで感じたことは、**コミュニケーション不足と判断される社員にもそれなりの理由がある**ということです。

　マネジメントシステムの世界に20年近くどっぷり浸かり、「すべての現象に根拠がある」という考えが染みついている私としては、恥ずかしいかぎりですが、学ばせてもらったことは事実です。

　皆さんの職場や組織において、コミュニケーション不足と思われる人がいる場合、「なんだかつき合いの悪い奴」と決めつける前に、なぜこの人はこのような態度なのか？　と考えてみてください。そして、その原因がわかったら、なにかできることはないものかと考えてほしいのです。

　特にその該当者が「働きながら族」である場合、少しの配慮を心がけていただきたいと思います。

　もちろん、「働きながら族」のなかには、自らの選択により「働きながら族」になった人も多々含まれています。例えば、勉強しながら働いている人については、なぜいま「働きながら族」なのか？というと

　　A　経済的余裕がなく進学できなかったので、経済的に少し余裕
　　　ができたいま、勉強している（通学している）
　　B　自らのスキルアップのために勉強している
などがあるでしょう。

　"A"、"B" いずれにしても自ら「働きながら族」の道を選んだのですが、"A" については同情が湧きます。普通であればなにも考えずに進学できたであろうに、経済的理由から進学を諦めたのですから、その後、学べる余裕ができてから実行に移している事実を応援したくなるのは私だけでしょうか。

　では、"B" についてはどうでしょうか？　この場合は、"自分のスキルアップのために"ですから、まさに自分のためですね。

　自分のために「働きながら族」となり、さっさと定時退社。

　このように書くと「あなたの勝手でしょ」と思う方もいらっしゃるでしょうが、「自分をより磨いて会社・社会に貢献し、それに見合った処遇を受けるために、与えられた業務処理時間のなかで成果を出して定時退社する」というのであれば応援したくなりませんか？

　第2章で説明する

　・指示待ち社員

　・のほほん社員

　・でも返し社員（ネガティブな）　など

に比べると前向きに頑張っていると思います。

　このように前向きに頑張っている人を応援する会社・社会でありたいと思うのは私だけでしょうか。

　ここでもう一つ私の経験談を。

　私が以前勤務していた（といっても30年近く前ですが）企業では、約1週間の缶詰合宿が数回行われており、内容的にはかなり厳しいものでした。

　毎日、早朝から夜8時くらいまで勉強させられるのですが、夜8時以降は自由時間です。この自由時間に私はなにをしていたかというと、資格試験の勉強です。

　ほかの合宿参加社員は、皆、缶ビール片手に談話室などでくつろいでいたのですが、私だけ資格試験の勉強をしていました。

　ほかの参加者からすると私は、「変わり者」と思われても当然なのでしょうが、私の場合は「●●の勉強をするので部屋に籠りますね」と宣言してしまったので、気分的に楽でした。また、「変わり者」というレッテルも貼られずに済み、有意義な缶詰合宿を過ごすことができました。

　いま思うと、このときの私も「働きながら族」だったのです。

　この経験から感じたことは、「働きながら族」を実践するためには、自分自身が強くなくてはならないということです。

　些細なことであっても、他人と違う振る舞いをするのであれば、自分自身が強くないとやっていけないのです。

　「働きながら族」は、他人と異なる振る舞いをしているのですから、

精神的にも強くなれると思います。この“強さ”は、雇用する側の組織にとっても非常に有益と判断します。

このことからも、組織にとって「働きながら族」を有効活用するメリットがあります。

以上、勉強しながら働く「働きながら族」について、自らの選択により「働きながら族」となった例を説明しましたが、勉強以外にも結婚や子育てにより「働きながら族」になった場合も自ら選んだことになります。

例えば、次の同期入社のAさんとBさんを想定してみましょう。

Aさん：共働き女性社員（子供を保育園に預けている）

Bさん：共働き女性社員（子供なし）

Bさんからしてみると、「Aさん夫婦の子供なので、私たちには関係ない。子育てを理由に仕事に支障を来してほしくない」という意見でしょうか。確かにそのとおりだと思います。Aさんが子育てをしていることはBさんには関係ないことなので、Aさんの仕事をBさんが肩代わりする必要はないのです。

しかし、Aさんの態度が次のようでしたらどう思われますか。

会社に迷惑はかけられないので、なんとしても決められた　　時間内で作業を完遂する

Aさんがこのような業務姿勢の場合、応援したくなりませんか？

反対に「私は子育てしているのだから周りが配慮してくれて当然！」という態度が透けて見えれば、だれもAさんに協力したくないでしょうし、ひどい場合は反感さえ覚えます。

ようは決められた成果を出すために黙々と業務処理する姿勢が感じられ、周りへの配慮ができれば、自ら選んで「働きながら族」になった場合でも周囲からの理解が得られ、組織としては非常に強力

な戦力と組織風土を手に入れることになるのです。間違っても、黙々と業務処理する姿勢をコミュニケーション不足と評価するような組織にはならないようにしてください。

■ 「配慮してもらって当然」という態度は命取り？

この項の最後につけ加えておきたいことがあります。

「働きながら族」に普通に配慮できる組織風土の構築が必要ですが、前述したように「配慮してもらって当然」という態度は厳に慎むべきでしょう。

仕事柄、さまざまな業種・組織の方とお付き合いしていますが、シフト制で稼働している組織で、「子育て中だから日勤で当然。夜勤は非婚者や子供のいない既婚者が担当すべき」という考えの方・組織にお目にかかることがあります。

この考え方は正しいのでしょうか？

この本の趣旨の一つとして、「働きながら族」をいかに活用していくのかをテーマにあげていますが、前述のように「配慮してもらって当然」という考え方では、「働きながら族」を活用できる組織の構築は難しいと考えます。

このような考え方の場合、必ずどこかで不満がたまります。その不満は、必ず爆発します。

こうした不満を解消するための施策を考えると、その一例として労務管理・処遇による対応があります。具体的には、なにも「働きながら族」とそのほかの社員を同等に扱わなくても良いのです。

労務管理・処遇についてなんらかの区別をつけることにより、このような不満は解消されます。ただ、あくまで区別であり差別でないことはいうまでもありません。

以上、「働きながら族」にやさしい組織風土とは、

・「働きながら族」に配慮して当然
・「働きながら族」とその他の社員を必ず同一の処遇にする
ということではありません。

「働きながら族」に気持ち良く働いてもらい、成果をあげてもらうためにはさまざまなプロセスがあり、そのプロセスは必ずしも統一すべきではありません。

6 「隠れ働きながら族」とは？

　ここでは、「隠れ働きながら族」について解説します。

　「働きながら族」に"隠れ"があるのか？　との疑問をお持ちの方もいらっしゃるでしょうが、それが結構存在するのです。

　では、なぜ"隠れ"なのでしょうか？　隠さなくてはならない理由があるのでしょうか？　また、隠さなくてはならないとはいかないまでも、積極的に公表したくないという想いもあるでしょう。そのいくつかを見てみましょう。

①要介護者がいることを知られたくない

　要介護者を抱えて働いていることは美しいことだと思うのですが、当事者にしてみるとさまざまな事情から、周りに知られたくない場合も想像できます。特に介護の大変さについて身をもって感じている方であれば、なおさらだと思うのです。

　余談ですが、私も子供のころ、母の足が悪いことを隠していたわけではないのですが、自ら友達に伝えたことはありません。中学時代、新聞配達をしていましたが、とても生活費のためとは友達にいえませんでした。そのとき、中学2年時の担任のI先生から「山本のしていることはとても男らしいことなんだから胸を張りなさい」と励まされて、非常に勇気づけられたことを覚えています。

　反対に中学1年時のT先生からは、「おまえみたいな者は将来ろくな大人にならない」といわれ、傷ついたことを覚えています。この本をお読みのあなたは、「働きながら族」に対して、事情も知らずに非難の言葉や陰口をいうのだけは慎んでください。人はさまざ

まな事情を抱えて生きているのですから。

②勉強していること、もしくは学校に通っていることを知られたくない

これは、場合によっては要介護者を抱えている人より「隠れ働きながら族」になる可能性が高いのかもしれません。その理由は、自ら選んで「働きながら族」になった可能性が高いからです。

この"自ら選んで"勉強するのは、趣味に費やすのと同等であるとのイメージがあり、組織風土によっては知られたくないのでしょう。

また、資格試験に臨んで不合格となった場合や、大学院に通っても目的が達成できない場合を想定して、「働きながら族」であることの公表を控えている人もいるでしょう。

③持病や障害を抱えているが公表していない

このような人も実は多いのではないでしょうか。

特に隠しているわけではないけれど、公表していない場合も当てはまります。通常の業務処理においては特に問題ではないのですが、一般的に健康上に問題があると理解されることにより、負の影響を心配されるのだと思います。

以上、「隠れ働きながら族」について説明しましたが、これらの人たちは非常に気の毒です。

周りに大変さが理解されない状況で、かぎられた時間のなかで成果を出さなくてはならない就業状況なのですから。これに対しては、組織として守秘義務を厳守したうえで配慮する必要があります。一般的に組織は組織外に対しては口が堅いのですが、組織内では口が軽い場合があり、なぜ、その社員のプライベートな事情をほかの社員が知っているのかと不思議になる場合があります。

7 「働きながら族」は生産性が高い

　「働きながら族」の生産性が高いことは、本章 **5** の「『働きなが
ら族』はコミュニケーション不足？」で解説しましたが、ここで改
めて説明します。

　序章 **5** で、「人はどのようなときに能力を発揮するのか？」
について、私の考えを説明しました。それは、

・目的を持った状態

・切羽詰まった状態（やらなくてはならない状態）

のときに能力を発揮するというものでした。

　そして、「働きながら族」は、就労する場面では"切羽詰まった状
態（やらなくてはならない状態）"であることも説明しました。

　本来、この"切羽詰まった状態（やらなくてはならない状態）"は
組織の方でつくりださなくてはなりませんが、なかなか難しいもの
です。

　しかし、「働きながら族」は、自らこの状態をつくりだしている
ので組織としては非常にありがたい存在なのです。別の表現をする
と、「勉強しなさい！」と親がガミガミ子供にいわなくても、子供
が自ら机に向かい勉強してくれているようなものなのです。

　「働きながら族」は、常に切羽詰まった、やらなくてはならない
状況で業務処理していますので、のんびりムダなおしゃべりに興じ
る時間はなく、いかにかぎられた時間のなかで業務処理するかとい
うことを考えています。

　このことからも常に現状に対して、「もっと改善できないのか？」
と疑問を持ちながら業務処理していることがわかります。

　家事で忙しい人と話していると次のようなことをよく耳にします。
　A　なんとかラクに家事がこなせないのか
　B　結果は同じで手を抜く方法はないのか
　C　時間を有効に活用する方法はないのか
　これらのことからなにか想像できませんか？
　私自身、品質マネジメントシステム審査を20年近く実施しており、ある時期、製造業に身を投じていた者としては前述のことを次のように解釈しています。
　A　なんとかラクに家事がこなせないのか

　　なんとか作業を改善できないものか
　B　結果は同じで手を抜く方法はないのか

　　ＶＥ手法を活用できないものか
　C　時間を有効に活用する方法はないのか

　　生産性向上の可能性はないのか
　家事で忙しい人は、常に前述の改善を考えて家事をこなしており、この考え方が業務を行ううえで活かされないわけがないのです。
　また、家事をする場合、到達点を決めて実施している人がほとんどだと思います（あえて意識はしていないが必ず到達点は描かれているはずです。自分自身に「今日の家事の到達点は？」と自問してみてください）。
　ようするに一日一日、目標に到達するための段取りを行っていると考えられるのです。
　家事をしている「働きながら族」は多数いるので、この経験を業務に活かすことが重要です。

「働きながら族」は自分に厳しい

本章 **7** では、家事をこなす場合に到達点を決めることが、「働きながら族」の業務にも活かされていることを説明しました。

ところであなたは、毎日の就労での到達点を決めていますか？

次のうちのどれでしょうか？

A　到達点を決めていない

B　到達点を決めているが、到達しないことが多い

C　到達点を決めたうえでほとんど到達している

"A"は論外です。しかし、この"A"の状態の社員が一番多いのではないでしょうか。これは、なにも社員自身が悪いのではなく、一日の業務の到達点を決めさせていない組織に問題があるのです。

"B"は、"A"よりはマシですが、自分で決めた到達点に達しないことに対して罪悪感を持ってください。この"罪悪感"を持つことにより、到達点に達成する可能性が非常に高くなります。

"C"は、理想的です。「働きながら族」は、"C"が多いのです。

なぜ、"C"が多いのでしょうか？　その理由の一つとして、

定時退社に罪悪感を持っているからだと思われます。

決められた就労時間内にムダなおしゃべりもせず、サボりもせずに一生懸命働いたのであれば、たとえ到達点に達しなくても、罪悪感を持つ必要はありませんが、前述したとおり、日本の企業には、定時退社に対するアレルギーが存在していると思われます。「働きながら族」として定時退社しなくてはならない身のため、せめてその日ごとの業務を完遂していこうという業務姿勢になるのでしょう。

　以上のことから、「働きながら族」は自分に対して厳しいのです。

　もちろん、自分に甘い「働きながら族」も存在していると思われますが、この本は「まえがき」にも書いたように、日ごとの成果をあげていく責任のある「働きながら族」を応援するため、そして、組織において活用するためのものですから、自分に厳しい「働きながら族」に焦点を当てていきます。

　このように「働きながら族」は自分に厳しく、結果、組織に対しても頼れる存在であるのです。間違っても与えられた作業をのほほんとこなしている社員よりも、組織にとっては大切な社員であることが理解できると思います。

　この組織にとって大切な社員である「働きながら族」の業務姿勢が組織内に広がっていくことにより、組織全体の生産性が上がり、反対に生産性の低い問題社員がいづらい組織に変えていくことができるでしょう。

9　「働きながら族」の業務姿勢と成果は抜群！ でも勤務態度は悪い？

　ここまで読んだところで、「働きながら族」は業務姿勢が良く、成果も出しているが、同時にコミュニケーション力不足と評価されてしまうことも理解されたと思います。

　その結果、類推解釈により勤務態度までもが悪いと判断されてしまうことがあります。

　「働きながら族」の勤務態度は決して悪くはありません！

　決められた時間内で成果を出すため（到達点に到達するため）には、必要最低限以外のコミュニケーションはとりませんし、昼の休憩時間も優雅にランチをとることはもちろんできません。そして貴重な昼休憩にプライベートの雑用をこなさなくてはなりません。

　これらの行動は、成果を出し、定時退社するためには必要不可欠なことなのです。ですから、これらの行動と関連づけて、

「働きながら族」は勤務態度がイマイチとしないでください。

　「働きながら族」の彼ら・彼女らは一生懸命生きているのです。決して、社会から他人から非難される存在ではないのです。

　それどころか、「働きながら族」の業務姿勢を一人でも見習う組織風土が構築できるように努力してほしいと思います。

10 「働きながら族」は、時間の融通は利かないが、仕事の融通は利く？

　「働きながら族」のなかでも、子育て中の人、勉強中の人、要介護者を抱えている人など、"働くことに制約のある人"の"制約"の一番の対象は「時間」であると思われます。

　・午後7時までに保育園に子供を迎えに行かなくてはならない

　・午後6時半までに教室に入らなくてはならない

など、時間に対しての制約があり、ようするに時間の融通が利かない人たちです。

　"時間の融通が利かない"ということは、使用者（企業側）や上司からすると使いづらい部下との印象になることは否定できません。

　「働きながら族」は、この"時間の融通が利かない"ことに対して、上司、同僚および部下に負い目を感じている人がほとんどなのです。

　確かに「働きながら族」にとって、"時間の融通が利かない"ことは大きな弱点になります。ただし、彼ら・彼女らには責任感があります。その責任感から、どんなことがあっても成果を出すことにこだわっています。ですから、**仕事の融通は利く**のです。

　あなたの組織においても、「働きながら族」は時間の融通が利かないので、できれば雇用したくない、部下に持ちたくないというマイナスのイメージを払しょくし、彼ら・彼女らの責任感を評価して、時間の融通が利かない分、どのようなことがあっても成果を出そうとする、"仕事の融通が利く"という点を評価してほしいのです。

　この"仕事の融通が利く"ということは、必ず仕事の到達点に達するという当たり前のことなのかもしれませんが、一般の社員でそのことが実現できている人はどれだけいるでしょうか。

11 「働きながら族」にとっての仕事とは？

ここでもう一度「働きながら族」の例を紹介します。

・働きながら家事や子育てをしている人

・障害を抱えながら働いている人

・働きながら勉強をしている人

・働きながら介護をしている人

・働きながら持病を治療している人　など

■働きながら家事や子育てをしている人にとっての仕事とは？

　子育て中の人にとっては、子育てが第一で仕事は二の次と思われます。これはごく自然な考えでしょう。

　ただ、子育てはいずれ終わります。そのときの生きがいはなんでしょうか？　趣味ですか？　配偶者との時間ですか？　地域貢献ですか？　すべてありえるでしょう。

　しかし、自分の行動が評価され、その対価として金銭を得られる仕事は魅力あるものではないでしょうか。

　一般的に、子育て中の人は、いずれ子育てが終了した後、働く場合には「働きながら族」ではなくなります。働くことに制約がなくなったときに自ら打ち込める仕事があることは素敵なことだと思いませんか。

　家事をしている人も、いずれ家事に慣れてきたり、家事量が減ってきた場合、趣味を楽しむことも良いでしょうが、仕事はもっと楽しいかもしれません。

■障害を抱えながら働いている人にとっての仕事とは？

　身体が不自由ではない人でも働くことには大変なことがたくさんあるものですが、障害を抱えながら働いている人の労働は非常に尊いと思います。そして、障害を抱えている人が、能力を発揮できる職場は永遠に続いてほしいと思います。

■働きながら勉強をしている人にとっての仕事とは？

　一概にはいえませんが、働きながら勉強をするということは、勉強で得た知識や資格を仕事に活かせる可能性が高いということではないでしょうか。ようするに、仕事でキャリアアップするために、一時的に「働きながら族」という少々大変な道を選んだ人たちです。

■働きながら介護をしている人にとっての仕事とは？

　「働きながら族」のなかでも非常に辛い立場である人だと思います。この辛い立場で"仕事とは？"と聞かれても前向きな回答ができないかもしれませんが、この人たちこそ、社会が応援しなくてはなりませんし、組織・企業も就業について理解しなくてはなりません。

　さまざまな事情や取組みにより介護から解放されたときに浦島太郎状態にならないように、日ごろから努力を怠りなくすることは、「言うは易し行うは難し」ですが、その余裕が少しでも持てるように、組織・企業および社会は配慮すべきだと思います。

■働きながら持病を治療している人にとっての仕事とは？

　持病の種類にもよりますが、働きながら介護をしている人同様に辛い立場にある人だと思います。

　あまり安易なことはいえませんが、このような人にとって、仕事をすることが励みになっている面もあるのではないでしょうか。

　仕事は、大変であり責任もあります。しかし、その大変で責任あ
ることに取り組むこと自体が非常に重要なのです。

第2章

あなたの組織の現状の問題点は？

1　指示待ちの社員は何％いますか？

私の持論として、社員の能力を区分けすると

①自分から進んで仕事をつくり処理していく社員
②指示されたことだけを処理していく社員
③指示されたことも満足に処理できない社員

の3区分になります（これはあくまで持っている能力ですから、発揮された能力とは一致しないことも考慮してください）。

問題は、この区分の割合です。

通常は、①＝10％、②＝70％、③＝20％と考えられ、①の「自分から進んで仕事をつくり処理していく社員」の割合を少しずつ増やし、③の「指示されたことも満足に処理できない社員」の割合を少しずつ減らしていくことにより組織の成熟度が増していくのです。

ここで注目すべきは、②の「指示されたことだけを処理していく社員」とは組織にとってどのような存在なのかということです。

拙著の読者やコンサルティングを依頼される組織、セミナーを受講される組織の方は総じて前向きな方が多く、このように"指示されたことだけを処理する"という表現を、優秀な社員の働きぶりと評価する方は非常に少ないのですが、本当にそうなのでしょうか？

もちろん、①の「自分から進んで仕事をつくり処理していく社員」が一番優秀であることに変わりはありませんが、このような優秀な社員は起業や転職する確率も高く、長期間安定して勤務してもらえるかというと必ずしもそうではありません。そもそも、自ら進んで仕事をつくり処理していく**人材管理能力に長けた**人材は、組織のな

かでせいぜい10％ほどしか存在しないもので、その能力が発揮されていれば、その組織は優秀な組織となるでしょう。

　ですから、一般的な組織のなかで10％存在する「自分から進んで仕事をつくり処理していく社員」を少しでも増やしていき、そのなかでも人材管理能力に長けた人材が増えていけば組織力は強化されていくのです。

　話を戻しましょう。

　②の「指示されたことだけを処理していく社員」は組織にとっては非常にありがたい社員なのです。なぜ、この当然ともいえることがありがたいのでしょうか？　それは、今後、指示されたことも満足に処理できない社員の割合が増えることが予測されるからです。そして、指示されたことだけでも処理できている社員は、表現を変えると、指示した側（通常は会社、上司および顧客など）の要求に適切に応じているといえるからです。

要求に応えられる社員とは、
当てにできる社員にほかなりません。

　こちらが指示した業務に対して、期限までに満足のいく内容の成果を出してくれる社員という位置づけです。

　一人でも人材を雇用した経験や、一人でも部下を持った経験がある方ならおわかりになるかと思いますが、"当てにできる社員"の存在にいかに助けられることでしょうか。

　ただ、一つ問題があるとすれば、的確な指示が出せる上司が存在しない場合は、この"②指示されたことだけを処理していく社員"の能力を発揮させることができずに、使いこなせないことになります。

　確かに指示されたことに対しては、満足のいく成果を出すことができる能力を持った社員ですが、仕事を見つける能力についてはさ

まざまです。

　せっかく“当てにできる社員”が存在していながら、活用できないということは非常にもったいないですし、その上司は、組織に対する責任を痛感してください。

　組織にしても上司にしても、人やツールを使いこなせないのであれば、組織自身、上司自身が改善すべきです。

　本節のタイトルである「指示待ちの社員は何％いますか？」から、“②指示されたことだけを処理していく社員”に対しての評価にネガティブなことを想像されたと思いますが、決してそのようなことではなく、“要求に応えられる社員”および“当てにできる社員”として十分に活用すべきだということをお伝えしたいのです。

　そして、「働きながら族」は、多くがこの“②指示されたことだけを処理していく社員”に該当しますが、前述のように、「働きながら族＝指示したことを適切に処理する当てにできる社員」と位置づけを変えてほしいのです。

　「働きながら族」は、決められた到達点に必ず到達するための努力を怠らない責任ある社員なのです。就業時間内にその場所（職場）に留まってさえいれば給料がもらえるなどという甘えた考え方を持っていません。

　そのためには、「働きながら族」の業務を見守ってあげてください。

　・ムダなおしゃべりに誘わないでください

　・ムダなお茶飲みに誘わないでください

　・お客さま以外のお茶くみを指示しないでください

　ちなみに当社はお客さま以外の同僚、上司へのお茶くみ禁止です。

2　のほほん社員は何%いますか？

私は人材を評価するうえで、問題のある社員のことを、

緊張感のない社員と例えます。

また、別の表現として「るだけただお社員」といいます。

この"るだけただお"の"るだけ"を最初から最後に移動してみると、"ただ居るだけ"になりますね。

ようするに就業時間の9時から18時までに、仕事に対する緊張感を持たずに、ただいるだけの社員のことなのです。

ただ、就業時間にいるだけでお給料がいただけるのであれば、こんなにラクなことはありません。

私はこのように緊張感のない社員のことを、

「のほほん社員」と呼んでいます。

本章 **1** の"③指示されたことも満足に処理できない社員"については結構存在が目立つため、対策を立てたり、いっそ割り切ることもできるのですが、この「のほほん社員」は目立たないこともあり、かつ、人間的にはいわゆる「良い人」の場合があり、対策の対象にならないことはもちろん、存在が確認できたとしても対策が難しいのです。

組織にとって「のほほん社員」の最大の問題点は、

問題意識を持っていない社員

だということでしょうか。

　人は、問題意識を持つことにより、改善し、問題の解決に向かうことができるのです。このことについて見方を変えると

現状把握ができない社員

ということになります。

　問題意識を持てずに現状把握ができないため、自分を変えることもできずに、改善もできないのです。

　私の持論としては（このような仕事をしているにもかかわらず非常に恐縮ですが……）、

人は他人を変えられないのです。

　ですから、会社や他人から無理やり行かされる自己啓発研修ほどムダなことはありません。

　しかし、**自らが変わろうと思えばいつでも変われる**

ことも事実なのです。

　前述の自己啓発研修はムダとしましたが、自ら進んで受講する自己啓発研修であれば効果が期待できます。自分自身が変わろうと思って受講するのですから。

　以上のことから、「のほほん社員」に組織として人間的な成長を期待すると非常にむなしい結果に終わることがわかります。

　「のほほん社員」であっても自らが変わろうと思えば変わることは可能ですが、その確率は低いといえるでしょう。

　その日ごとの到達点を決め、成果を出そうと業務処理している「働きながら族」にとって、この「のほほん社員」の存在は非常に迷惑です。なぜなら、「のほほん社員」は、本日終業時の到達点などという着眼点は持ち合わせていないのですから。

3 「でも返し社員」は何人いますか？

あなたの周りにも常に「でも……」が口癖の方はいませんか？

それが部下の場合、非常に気分が削がれますね。

このような「でも返し社員」は、本人からしてみると悪気がないのですが、常に「でも」、「But」が染みついており、否定的な意見をいってしまうのでしょう。周りからすると非常に迷惑なことです。

また、「でも返し社員」が進化した性質の悪い性格の持ち主として

どうにもできないことを指摘する人がいます。

例えば、

> A氏：僕もついに先月マンションを購入し、引っ越したんだ。
> B氏：えーっ？　マンションを買うくらいなら小さくても一戸
> 　　　建てにすればよかったのに。

もう、このB氏のレベルだと正直勘弁してほしいですね。

通常、一生で一番大きな買い物であるマイホームを購入して引越しまで済ませた知り合いに対して、後戻りできないどうにもならないことで否定的な意見をいいますか？

百歩譲って次回の改善のためにあえて否定的な意見をいうのであれば多少理解できますが（ただ、この場合もそのような親切心でいうのではないでしょうが）、ほとんどの場合は、どうにもできないものです。

B氏のような勘弁してほしいレベルの人までいかなくても、「でも返し」社員は、いたる所に存在しているのではないでしょうか？

　では、なぜ、「でも」がいけないのでしょうか？

　例えば、上司が部下に「この●●の資料を来週の火曜日までにまとめておいてください」と依頼した場合の部下が発する「でも」について考えてみましょう。

　上司としては、部下から程度や内容はともかく否定的な意見が出されたのですから、その否定意見に対して部下を納得させなくてはなりません。これが非常に時間のムダなのです。上司がこのようなムダな時間を費やす必要があるのでしょうか？

　仕事を依頼する場合、その仕事の目的を伝える必要はありますが、否定的意見を発した部下を説得する時間はムダです。そしてなにより気分が悪いものです。

　「でも返し社員」以外の社員が上司から仕事を依頼され、その依頼内容に沿った成果を出しかねる場合、決して、「でも」とはいわずに、代替案を提案することになります。

　組織内の良好なコミュニケーションとはこのような提案のくり返しではないでしょうか。

　決して、否定的な言葉を最初に発することではなく、

　　・気持ちよく聞き入れる

　　・一人で処理できない場合はだれかに協力を依頼する

　　・成果を出しかねる場合は代替案を出す

ことだと思います。

　「働きながら族」にとって、イレギュラーな仕事の依頼は日ごとの到達点を阻害する原因となるので、好まれないとは思いますが、その場合であっても「でも返し社員」になってしまっては活躍は無理だと思います。そんなにヒマでもないし、根性をねじ曲げる時間もありませんので。

4 「社長はいいなぁ社員」は何人いますか？

社員から見て社長を本当に羨ましいと思えるのかは不明ですが、この「社長はいいなぁ」という台詞もよく耳にします（この"社長"を部長や課長に置き換える場合もありますが）。

では、社長は本当に良いのでしょうか？

私から見ると、社長は本当に大変だと思います。

仕事柄、さまざまな社長と話すのですが、一致する意見として、**「そんなに社長がいいなら、いつでも代わってあげるよなぁ」**です。

隣の芝生は青く見えるのは常ですが、このような台詞をいう社員にかぎって、優秀な人は少ないと思えるのは私だけでしょうか？

本章 **3** の「でも返し社員」とも重複しますが、共通点としては物事を斜めに見る傾向があるのかもしれません。ただ単純に社長に憧れて羨ましいと思っている純粋社員の存在も理解はしていますが。

この「社長はいいなぁ社員」のなにが問題なのでしょうか？

それは、"社長はいいなぁ"を仕事の成果が出せない言い訳にしてしまう可能性が高いからです。

仕事で成果を出せない原因は、自分の努力の足りなさや能力であるにもかかわらず、部下のせい、同僚のせい、上司のせい、会社のせいにして、最後の決まり文句として「社長はいいなぁ」となるのです。もちろん"社長"が部長や課長にも変化します。別の場合では、その矛先が配偶者に向けられたりします。「おまえはいいなぁ」、「あなたはいいわねぇ」と。

そんなことを考えるヒマがないのが「働きながら族」です。このように愚痴をいっている時間があれば、仕事を処理するのみです。

5　「あの人、なんであの地位なのか？」と思える管理職は何人いますか？

一般的に課長や部長などの管理職は次の分類であると思われます。

①自ら進んで仕事を処理していく人材管理能力に長けた管理職
②人材管理能力に長けた管理職
③自ら進んで仕事を処理していくが、人材管理能力は低い管理職
④自ら進んで仕事を処理することは苦手であり、人材管理能力も低い管理職

①が理想です。

自ら進んで仕事を処理し、人材管理能力に長けている場合は部下からの信頼も厚く、会社にとって必要不可欠な管理職でしょう。

本章 1 で解説しましたが、このような人材は起業や転職をする確率が高いのも事実です。ですから、このような魅力的な人材が「この組織で役に立ちたい」と思える組織づくりのために経営層は努力を惜しんではならないのです。

そもそもこのような人材が全社員中10％存在していれば組織は上手く機能しますので、「自ら進んで仕事を処理し、人材管理能力に長けている人材＝要素」、「全社員中10％＝基準」として、組織を運営していきましょう（「要素」と「基準」については本章 9 で解説します）。

②についてはどうでしょうか？

管理職としては①も②も甲乙つけがたいでしょう。

現場第一主義で非管理職として業務遂行にあたるのであれば、“自

ら進んで仕事を処理"という要素は非常に重要ですが、管理職としては最重要要素ではなく、"人材管理能力に長けている"ことの方が重要であり、優先されるべき能力だといえます。

③と④について、管理職としてどちらが相応しいのかは、正直、丙丁つけがたいでしょう。なぜなら、いずれも人材管理能力を有していないからです。

ただ、管理職としてではなく、組織にとって必要なのは③の方でしょう。

なぜ、③のような"自ら進んで仕事を処理していくが、人材管理能力は低い管理職"が課長や部長になってしまうのでしょうか？

これは、昇進を決定した上司や会社が見誤った典型であり、業務処理能力が高かったために、人材管理能力も高いであろうと類推解釈をしてしまった結果です。

念のため申し上げますが、<u>「業務処理能力」</u>と<u>「人材管理能力」</u>は別であることを理解してください。①のように両方の能力が高い人材が存在するために誤解が生じるのですが、こうした人材は少数派です。

③の場合は、上司や会社が見誤ったのですから当該管理職には被害者かもしれません。ただ、元々、業務処理能力が高いのですから会社にとって必要な人材であることは確かでしょう。

問題は④です。

④のように"自ら進んで仕事を処理することは苦手であり、人材管理能力も低い管理職"が多数存在しているために困るのです。

私の持論である

すべての現象に根拠がある

を当てはめてみると、「なぜA課長は課長なのか？」の根拠を考え

てみても見いだせないことがありませんか？

　ただ、私は持論である「すべての現象に根拠がある」を曲げたくありませんので、A課長が課長である根拠は必ずあると考えます。

　そして、その根拠は「人材管理能力」とまったく関連性のない根拠の可能性が高いのだと思います。

　・社長の親族

　・ゴマすりが上手い

などでしょうか。

　このように「人材管理能力」と関係のない理由で管理職を登用してしまう組織自体、非常に問題があるため、優良人材の流出は覚悟しなくてはならず、そうなる前に組織自体の能力や品性を上げる必要があると思われます。

　では、「働きながら族」は将来①②③④のどれになるのでしょうか？

　それは、①②③です。

①自ら進んで仕事を処理していく人材管理能力に長けた管理職
②人材管理能力に長けた管理職
③自ら進んで仕事を処理していくが、人材管理能力は低い管理職

　まず、自ら進んで仕事を処理していく能力が非常に高いのが「働きながら族」です。そして、彼らは自己管理能力も非常に高いのです。この「自己管理能力」の高さが「人材管理能力」につながることを期待しています。

　そこで、別の着眼点を一つ。

　「働きながら族」は、その立場上、「人の痛みが理解できる」と思われます。なぜなら、「働きながら族」は、自分以外のために時間を費やしている人がほとんどだからです。そのことからも相手の立

場に立って考えることができ、本来の自己管理能力と合わせて、人材管理能力を発揮できると思うのです。

　ですから、将来の管理職候補として「働きながら族」は有望です。もちろん、現時点においても組織風土に問題がなければ、「働きながら族」を管理職として登用・活用できるでしょう。

6　「遅いことならネコでもやる」……そんな社員いませんか？

　私は、起業当時、部下に小言をいう際の台詞として、「遅いことならネコでもやる」という、部下に失礼な叱り方をしていました。

　ただ最近の傾向として、時間をかけても成果が出せない人材が増えているのです。この"時間をかけても成果が出せない"の原因はさまざまですが、組織のなかでそのような人材が占める割合が増えていくと、いずれ組織は崩壊してしまいます。

　時間をかけても成果が出せない一つの原因として、

成果を出さないことに慣れている

ということがあげられるのではないでしょうか？

　もう少し具体的に表現しますと

**成果を出す人材と成果を出さない人材が二極化しており、
成果を出せないことに対する罪悪感が減っている**

と思うのです。

　そこで、カンフル剤として活用していただきたい人材が「働きながら族」なのです。

　「働きながら族」は、限られた時間のなかで成果を出すことが使命ですから、組織のなかで非常に良い見本となりえます。

　ただ単に8時間組織に居るだけで給料が支給されるお気楽な人材とは一線を画しているのです。

　これは日本の社会の良くない点ですが、成果ではなく働いた時間で評価している面があります。

次の表をどう思いますか？

	ある1日の労働時間	成果
一般社員Aさん	9：00－21：00（実働11時間）	100
「働きながら族」Bさん	9：00－18：00（実働8時間）	100

　ほとんどの会社では、Aさんに高評価を与えているのです。

　その理由（正確にはイメージですが）として、「成果が同じであればたくさん働いたAさんに高評価を与える」ということでしょうか。

　しかし、ちょっと待ってください。1時間当たりの作業効率では、どうなるでしょうか？

　一般社員Aさん：100÷11時間≒9.09

　「働きながら族」Bさん：100÷8時間＝12.5

Bさんの方が、Aさんより約1.375倍作業効率が勝っています。

　なぜ、Aさんの方に高評価を与えるのか？

　答えは簡単です。評価する側が作業効率をしっかりと考えていないため、適切な評価軸で評価できず、仕方なく働いた時間で評価しているからです。

　政府がすすめている「高度プロフェッショナル制度」は、決して残業ゼロ法案ではなく、この考え方に則しているのです。ようするにムダにだらだら働くことを防止し、働いた成果で評価することなのです。この「高度プロフェッショナル制度」に反対している人や団体もこの点を理解している人・組織は多々あるのですが、使用方法を誤ると残業手当のカットだけにつながる可能性があるので反対しているのだと思います。

　どのように便利な仕組みやツールであっても、使用する人・組織によりトンデモナイ結果を招くことがあります。私は交通事故削減についてもいくつか著作（『社長の決意で交通事故を半減！　社員

を守るトラック運輸事業者の5つのノウハウ』（労働調査会）など）があり、そのなかでも提言していますが、トラック、バスなども使用方法を誤ると大量殺人兵器になってしまうことと同じです。

　ですからこの「高度プロフェッショナル制度」についても、真の意味を理解し、適切に導入・使用を行うことで、働いた時間だけで人材を評価するという程度の低い評価方法が淘汰されていくと思われます。

　前頁の表の一般社員Aさんと「働きながら族」Bさんの話に戻りましょう。

　実働11時間で100の成果を出すAさん、実働8時間で100の成果を出すBさん。Aさんに対してBさんより高評価を与える組織の問題点は前述のとおりですが、もう一つ大きな問題点が。

　同じ100の成果を出している二人ですが、Aさんの給与の方が高いのです。それは、Aさんには3時間分の時間外労働手当が支払われているからです。

　仮にAさん、Bさんともに労働の対価である賃金が月額25万円で所定労働時間が月177時間とすると、1時間当たりの時間外労働手当の単価は次のようになります。

$$25万円 \div 177時間 \times 1.25 \fallingdotseq 1,766円$$

　つまり、Aさんに対しては、3時間分の時間外労働手当として、

$$1,766円 \times 3時間 = 5,298円$$

がBさんより余分にAさんに支払われているのです。

このことをどう思われますか？

　能力の低い社員に、よりたくさんの賃金を支払っている現状。

　私が開発した仕組みである「時短マネジメントシステム」では、次のデータを用いムダな労働時間の削減に取り組みます。

・ 効率 ：頭、手、足、口、目、耳、鼻をどれくらい稼働させているのかの率
　効率＝標準処理時間÷実作業時間×100
　（10分で作業できることを12分で作業した場合の効率≒83％）

・ 稼働率 ：所定労働時間のなかで実際に作業に費やした時間
　稼働率＝実稼働時間÷所定労働時間×100
　（所定労働時間＝8時間、実稼働時間＝5時間の稼働率＝62.5％）

・ 業務処理量 ：通常の力量保有者が処理すべき業務量のうち、実際に処理した業務量
　業務処理量＝効率×稼働率
　（前述の効率と稼働率の場合の業務処理量＝83％×62.5％≒52％）

　これらの科学的データを用いるとBさんに比べてAさんの業務処理能力の低さが暴露されてしまうのです。

　このような話をすると、次の反論をされる組織の方がいらっしゃいます。

　①当社は残業代を支払っていないので関係ありません

　②当社は定額残業代を支払っているので関係ありません

　さすがに、①の組織は減ってきたと思いますが、残念ながらゼロではないようで、まさに「ブラック企業ここにあり！」といえます。しかも中小企業or大手企業、未上場企業or上場企業の区別なく実在しているのではないでしょうか？

　「えっ？　大手企業や上場企業でもそんなことがあるの？」と疑問に思われる方もいらっしゃるかもしれませんので一つ事例を紹介しましょう。

　「時間外労働・休日労働に関する協定届」（36協定）の"延長することができる時間"の欄を見たことはありますか？　仮にこの時間

数として年間150時間の記載があった場合、現実は、社員が会社に残業を申告しても良い時間数が150時間として運用されていませんか？

　ようするに月12.5時間までは残業代を申告できますが、その時間数を超えた場合はサービス残業となります。このケースでは、未払い残業代が発生しており、前述の①に該当するでしょう。

　②の定額残業代を支払っている企業は多々あるのではないでしょうか？

　実際、支払っている定額残業代の時間外労働時間数で収まっていれば違法ではありませんが、時間外労働が発生している、もしくは、常態化していること自体が問題です。また、午後6時に当日の作業予定が終了し、照明も空調も切り、社員全員が退社できればその分の水道光熱費が削減できるでしょう。

　とにかくムダな時間外労働は悪です。働いた時間数で人材を評価することはもうそろそろ止めにしませんか？

　本節の最後にグーグル（Google）が実施しているプロジェクトである「＃Happy Back To Work」を紹介したいと思います。

　このプロジェクトでは、働く女性をハッピーにするアイデアを募集しており、そのランキングもネット上で見ることができます。

　　https://www.womenwill.com/japan/

　「働きながら族」は、働く女性に限定していませんが、非常に参考になる意見が掲載されています。この原稿を執筆している2016年12月11日現在までに寄せられたアイデアに対するランキングを次頁に示します。

1位：在宅勤務が普通にできる社会に！
2位：「長時間働いた人がえらい」そんな空気、やめませんか？
3位：帰社時の「すいません」禁止
4位：男性には、2週間の育休より1年間の定時上がりを！
5位：パパがママになる
6位：保育士さん感謝デー　母の日みたいに
7位：ママ1人の時間をつくってあげよう
8位：18時以降の会議は原則禁止。
9位：会社にいる時間が長いのを偉いことと美化するのをやめよう
10位：時間ではなく成果で正当な評価を
11位：会社の歓送迎会は、夜でなくランチ会にしよう
12位：地域のみなさん、学童からの暗い下校時、どうか見守ってやって下さい。
13位：日本全体が16時終業「夜は家族で団らん」が当たり前の社会に。
14位：小学校の平日ＰＴＡ会議、やめませんか？
15位：家事育児は"手伝う"ではなく"一緒に"するもの。
16位：子供の行事にはイベント休暇を。
17位：保育士さん、幼稚園の先生の待遇ＵＰ！
18位：既婚者未婚者みんな定時で帰れるように
19位：残業を勤務が始まる前にできる「前業制度」
20位：「残業する従業員が良い社員」という組織風土の撲滅

　いかがでしょうか？　このランキングについて、アイデア募集当時は立場の違いにより、少々自分勝手と思える意見もあったのですが、現状を見てみると上位の意見は「なるほど！」と思えるものばかりです。
　特に本節で私が説明している内容と相通じるアイデアとして、

> 1位：在宅勤務が普通にできる社会に！
> 2位：「長時間働いた人がえらい」そんな空気、やめませんか？
> 3位：帰社時の「すいません」禁止
> 8位：18時以降の会議は原則禁止
> 9位：会社にいる時間が長いのを偉いことと美化するのをやめよう
> 10位：時間ではなく成果で正当な評価を
> 18位：既婚者未婚者みんな定時で帰れるように
> 20位：「残業する従業員が良い社員」という組織風土の撲滅

があります。

　“1位：在宅勤務……”については、職場に出勤しなくても労使が合意した成果を出す制度ですから、まさに生産性を上げることができると思います。

　“3位：帰社時の「すいません」禁止”は、まさに「働きながら族」の叫びだと思います。なぜ、決められた時間で成果を出して帰社するにもかかわらず、「すいません」といわなくてはならないのかという不条理さがあります。

　“8位：18時以降の会議は原則禁止”は、さまざまな事情があるとは思いますが、“原則”で良いので禁止すべきです。さらに問題なのが、前述の残業代を支払っていない組織や、定額残業代で済ませている組織の18時以降の会議実施はブラック会議なのかもしれません。

　また、組織として強要してはいけないことは「自主的参加を促すこと」です。私が実際に遭遇した事例として「このプロジェクトは彼ら（社員のこと）が自主的に参加しているので業務外活動であり、残業ではありません」と話す管理者や経営層がいましたが、共感できません。ましてや、そのプロジェクトが「時短プロジェクト」や「残業削減プロジェクト」の場合、もう言葉もありません。

"18位：既婚者未婚者みんな定時で帰れるように"は、定時退社は「働きながら族」だけではなく、組織全体で実施すべきとの意見でしょう。なぜ、帰社時に「すみません」といわなくてはならないのか？その日の成果を出して帰社することに罪悪感を持たねばならないのか？　これらの原因は、定時退社というほかの社員と異なる行動をしているからです。定時退社は正しい行動ですから、組織全体で定時退社を目指せば良いだけなのです。

"2位：「長時間働いた人がえらい……"、"9位：会社にいる時間が長いのを偉い……"、"10位：時間ではなく成果で正当な評価を"、"20位：「残業する従業員が良い社員」という……"については、本節で説明している内容とズバリ重なっていますね。

このように多くの人たちの思っていることがなぜ実現できないのか非常に不思議です。

7　「働きながら族」の足を引っ張る社員の存在

　意図的に「働きながら族」の足を引っ張る社員はいないと思いますが、定時退社する人に対して良い感情を持っていない社員がいることも事実です。そして、人というものは面白い生き物で、その定時退社する人が成果を出していることについて、さらに面白くないのです。

　そこでなにをするのか。その定時退社する人の粗探しをするようになるのです。

「働きながら族」は、模範社員なのです！

　その模範的な行動が古い体質の日本の組織では受け入れられないのです。ただ、単純に考えると業務処理の生産性が高く、ムダな残業もせず成果を出せる人材は、だれがどう考えても模範社員ではないでしょうか？

　しかし、なにか短所はないのかと粗探しをされるのです。

　第1章 5 で説明したとおり、「働きながら族」は、

・協調性がない

・コミュニケーション力が欠けている

と判断されがちですが、決してそのようなことはありません。

　彼らは時間がもったいないために、ムダなおしゃべりに加わらないのです。しかし、そのことをネタに短所の如く"協調性がない"とレッテルを貼られるのはたまったものではありません。

　さらに性質が悪いことに、このようなレッテルを貼るのは同僚だけではなく上司の場合も多いので厄介です。

8　定時退社に対するアレルギーをなんとかできないのか？

　定時退社する社員に対してアレルギーがあることは前述しましたが、なぜ、アレルギーがあるのでしょうか？

　それは、成果を出さずに定時退社する社員に対してのアレルギーなのですが、「働きながら族」も定時退社することから、一律に扱われてしまうのです。

　この"定時退社に対するアレルギー"対策として、絶対的な考え方を組織風土に染み込ませてください。それは、

残業は悪！　ということ。

　あなたの組織では、残業が当たり前だと思っていませんか？

　本来、**仕事とは、決められた時間内で成果を出すことです！**

　仮に、社員の残業により会社の運営が保たれていたり、利益確保が実現できているのであれば、それはその組織のビジネスモデル自体が間違っているということです。

　もちろん、突発的な問題発生や、注文および決算業務などで36協定に記載するような事象の発生による残業は仕方ありません。

　しかし、残業が常態化していること自体が異常なことなのです。

　"残業は悪！"という考え方が組織風土として根づけば、定時退社に対するアレルギーはなくなり、反対にムダな残業に対するアレルギーが生まれてきます。そうなればしめたもので、残業の発生時に「本当にその残業は必要なのか？」と疑問を持てるようになります。

　ただ一つ注意点として、真に必要な残業であるか否かを見極める必要があることをつけ加えておきます。

　また、"残業は悪！"との考えが組織風土化しないのは、管理職に原因の一つがあると私は思います。

　管理職は、その管理対象の部下に対して区切りごと（通常は日ごと）の終業時の到達点を決めさせなくてはなりません。この"終業時の到達点"を決めさせていないため、終業時刻にその到達点に達していなくても罪悪感がなく、結果、残業すること自体に対しても罪悪感がなく、ヒドイ場合には、「残業して頑張っている」などという解釈になるのです。

　私がコンサルタントとして組織に時短指導する際は、「残業の許可制」、「午後6時に強制消灯」などという小手先の対策に終始せず、徹底的な現状把握と残業の原因追究から始めます。現状把握と残業の原因追究を行わずに時短はありえなく、仮に時短が実現できたとしても、それは偶然であり、時間の経過とともに元に戻ってしまいます。料理にしても、「たまたま美味しい料理ができた」では、意味がなく、かつ、再現性もありません。重要なことは「この材料と調理法で美味しい料理ができる」ということです。

　"材料と調理法"こそが、美味しい料理の要因であり、時短についても時短の要因を摑んでおかなくてはならないのです（残業の原因を特定する）。そのための徹底的な現状把握と残業の原因追究が必要ということになります。

　残業時間発生の原因を摑んでおけば、再発防止に有効ですし、残業時間発生という結果に対するアレルギーだけではなく、残業時間発生の原因についてもアレルギーが出てくると思います。

　一例として、ムダなおしゃべり、過度な喫煙時間、わがままな顧客対応、ムダな文書作成およびやりっぱなし・いいつけっぱなしの作業の存在などにアレルギー反応が出てくる組織であれば、原因の段階でムダな残業時間発生を防止することができるでしょう。

9　あなたは上司、同僚、部下の仕事ぶりに満足していますか？

　本書をお読みのあなたはどのような立場の方でしょうか？

　どの立場であっても、上司、同僚および部下の仕事ぶりはいかがでしょう。立場的に上司の仕事ぶりにどうこういえることは少ないとは思いますので、ここでは部下の仕事ぶりを中心に考えてみましょう。

　まさかあなたも、「残業する部下＝良い部下」だと思っていませんよね？　あなたにとっての「良い部下」の定義はどのようなものでしょうか？

・指示したことや目標をやり遂げる
・指示した以上の仕事をやり遂げる
・組織の融和に努める
・前向きな態度
・人柄が良い
・打たれ強い
・根性がある
・気が利く
・経営者目線で仕事ができる
・言い訳をしない　など

　いろいろな考え方がありますが、そのほとんどが主観的な定義によるものではないでしょうか。

　では、客観的な定義とはどのようなものなのか。

　その定義を決定するヒントとして「要素」と「基準」で考えてみましょう。

　まず、「良い部下」の要素として「有言実行」をあげたいと思います。

　日本人は、見えないところで努力することが美しいと考える人もいて、確かにそのとおりかもしれませんが、それは、ボランティア活動など、人知れずの行いが美しいのです。ビジネスでの「不言実行」は慎むべきであり、ビジネスには「有言実行」が必要だと思います。

　ビジネスにおける「不言実行」は、完遂できなかったときの言い訳であり、逃げであると思います。ビジネスでは、「私は、●●をやります」と「有言実行」でありたいものです。これが、「良い部下」の要素だと考えます。

　では、「基準」はどうでしょうか？　通常、「基準」は、数値や期限で表し、達成度評価が可能なものとなります。

　以上、「要素」と「基準」で「良い部下」を定義すると

　・私は、○○（期限）までに●●をやり遂げます

　・私は、●●を○○（数値、量）だけやります

　・私は、○○（期限）までに●●を△△（数値、量）だけやります

となります。

　ようするに上司から見て、「計算ができる」（当てにできる）部下ということです。

　このことは部下にかぎらず、すべてのビジネスパーソンに共通することであり、期限も年単位だけではなく、日ごとに設定すべきでしょう。

　以上、まとめますと、「良い部下」とは（部下だけとはかぎりませんが）、日ごと、週ごと、月ごと、四半期ごと、年ごとおよび数年ごとの到達点を「有言実行」で達成していくことができる社員ではないでしょうか。

　「働きながら族」が、これにすべて当てはまるわけではありませんが、少なくとも日ごとの到達点を「有言実行」できている社員だと思います。

10　適切な評価制度がありますか？

　人材の評価において一番やってはいけないこととは、単に働いた時間だけで評価することです。

　その働いた時間の内容はどうなのでしょうか？

　本章 **6** では、業務処理における「効率」、「稼働率」、「業務処理量」の概念を説明しましたが、例えば、1か月の所定労働時間が177時間として、次のような場合はいかがでしょうか？

> Ａさん：業務処理量100、月の労働時間180時間
> Ｂさん：業務処理量100、月の労働時間240時間

　単純に労働時間を比較するとＢさんの方が60時間も労働時間が多く、頑張っているように見えます。

　しかし、1か月の業務処理時間を比べてみると、

> Ａさん：180÷100＝1.8＝1時間48分（108分）
> Ｂさん：240÷100＝2.4＝2時間24分（144分）

「1.8：2.4」＝「3：4」となりＢさんはＡさんの4分の3しか業務を処理していません。

　しかも、時間外労働手当は、

> Ａさん：3時間
> Ｂさん：63時間

であり、Ｂさんの方が60時間も時間外労働手当が多いのです。これを70頁の時間外労働1時間当たりの単価である1,766円を当てはめる

と、Bさんの方がAさんより毎月105,960円も時間外労働手当を得ていることになります。

　ただでさえ、Aさんに比べて業務処理能力の低いBさんは、Aさんより10万円以上も多く時間外労働手当を得ているのに、そのうえ「たくさん働いてくれてありがとう」と働いた時間数で高評価を与えるとしたら、呆れてしまいます。

　このAさん、Bさんの事例は決して珍しいことではなく、これくらいの業務処理量の差が出ることは、ホワイトカラーでは珍しくありません。あなたも、「あの人、私の業務処理量の4分の3くらいしかこなせていないよなぁ」と思う人材に心当たりがあるのではありませんか。

　労働時間数で人材を評価するのは

　・適切な評価軸を保有していないため、労働時間数だけでの評価であることは前述のとおりですが、こんなことをいつまで続けるのでしょうか？

　では、適切な評価軸とはなんなのでしょうか？

　「成果主義」については、一時多くの企業が導入し、昨今、その歪みというか弊害が指摘されています。

　私は、「成果主義」が問題だとは思っていません。**成果だけで評価することが問題なのです。**

　少々話がそれますが、巷ではPDCAが非常に流行っています。

　PDCAとは、

　P：Plan：計画

　D：Do：実施、実行

　C：Check：確認、検証

　A：Act：改善、是正、処置

のことであり、期限があるプロジェクトを除いて永遠にPDCAは回っ

ていきます。また、すべてのことにPDCAがあり、5分で回せる
PDCAもあれば、数十年かけて回すPDCAもあります。

　私自身、20年近くマネジメントシステムの専門家として活動して
いますので、PDCAの専門家としての自負があるのですが、この
PDCAの流行のなかで誤解が生じていると思われます。

　その誤解とは、**PDCAを回せば成果が出る**というものです。

　この考えは100％間違いではないのですが、正確に表現すると、

**　　適切なプロセス管理のうえでPDCAを回せば成果が出る**

ということです。

　単にPDCAだけ回しても成果は限定的なのです。

　では、PDCAで成果を出すための"プロセス"とは、どのようなも
のなのでしょうか？

　プロセスとは、一般的に

　・過程
　・工程
　・活動
　・作業

などと理解されており、すべて間違いではありません。

　ただ、マネジメントシステムでは、

**　　　インプットをアウトプットに変えること**です。

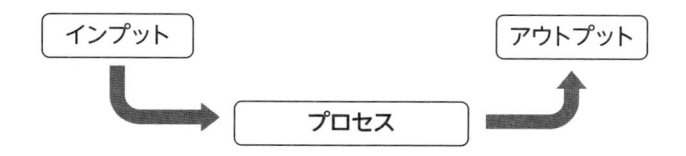

　例えば、テレビの受信プロセスでは、

　インプット：電波、電源

　アウトプット：映像、音声

となります。

　また、プロセスもPDCAと同様に、大きなプロセスもあれば、小さなプロセスもあります（大きなプロセスのなかに小さなプロセスが含まれることもあります）。

　一つひとつのプロセスのアウトプットは成果となりますので（プロセスごとの成果）、この成果に至るプロセスを適切に管理したうえでPDCAを回すことにより、全体的な大きな成果を得ることができるのです。決して、ただ単にPDCAを回すだけではないことを理解してください。

　プロセス管理については、「プロセスアプローチ」という考え方があり、事業運営上非常に参考になりますが、本書はプロセスについての専門書ではありませんので、拙著をご覧いただくか、良書として『ISO 9001：2015　プロセスアプローチの教本—実践と監査へのステップ10』（小林久貴著、日本規格協会発行）をお勧めします。

　成果主義の評価制度の問題点に戻りましょう。

　なぜ、成果主義が問題なのか？

　それは、**成果に至るプロセスが評価されていないからです。**

　ここではホワイトカラーではなく、わかりやすくトラック運送業の事例を紹介します。

　一般的にトラック運送業では、社員であるドライバーの評価を交通事故発生の有無で評価する場合が多いのですが、果たしてそれで良いのでしょうか？　いい方を変えると、交通事故さえ起こさなければ良いのでしょうか？

　また、交通事故同様に、道路交通法違反についてはさらに顕著で

す。60キロ制限の一般道を100キロで走行していること自体は道路交通法違反ですが、見つからなければ良いのでしょうか？

トラック運送業では、交通事故を発生させず、また、道路交通法違反をさせないためにさまざまは取組み（プロセス）があります。

ドライバー側からの一例として

・交通安全研修の受講

・ヒヤリハット情報の提出

・適切な車両点検

・安全運転目標の立案・管理

・安全走行

・過積載防止

・指差し呼称

・決められた服装、ヘルメット着用

・輪留め（歯止め）の適切使用　など

これらの取組みのほとんどを実施していなくても、たまたま交通事故を起こさなかったドライバーに高評価を与えるのですか？

これが、成果主義の問題点です。

交通事故や道路交通法違反を起こさないためのさまざまなプロセスを適切に実行・管理したうえでの、交通事故未発生および道路交通法違反なしという成果が重要なのです。単に成果さえ良ければというのは、たまたまそうだった可能性があるのです。

あくまで“たまたま”ですから、いつ最悪の状況が発生するのか、爆弾を抱えていることになります。

私が常に指導先企業にお伝えしていることとして、

　　　　　「できた」と「できる」の大きな違いがあります。

「できた」というのは、たまたまできたのであり、再現性があり

ません。「できる」というのは、適切なプロセス管理の結果、できるのであり、再現性が伴います。

　ビジネスは、「できた」ではなく、「できる」でないといけません。ただ、組織において、「できた」を人事評価の対象にしている事例がなんと多いことでしょうか！

　そこで、私が提案している人事評価制度として、

「プロセス人事制度」があります。

　私は「プロセス人事制度」は、最強の人事制度だと考えています。「プロセス人事制度」とは、その名称のとおり、最終的な成果に至る各プロセスを明確にしたうえで、職能資格等級に区分けして、等級ごと、プロセスごとの要求力量を明確にし、なにができたら該当等級に位置づけられ、どのような成果を出したら発揮した能力として高評価を得ることができるのかを明確にしていく人事制度のことです。

　この説明だけでは不十分ですが、いずれ機会があれば詳細を説明したく思います。また、不定期ではありますが、セミナーも実施していますので巻末に記載の私が主宰しているサイトをチェックしていただければと思います。

　以上、最強の人事制度として「プロセス人事制度」について触れましたが、「プロセス人事制度」を導入していなくても、単に働いた時間だけで評価していないのであればひとまず安心です。

　本章 **8** で説明したとおり、"残業は悪！"ですから、残業している社員に対してやみくもに高評価を与えることは控えていただき、自社にとって適切な評価軸である「人事評価制度」を構築してください。

11 適切な能力開発制度がありますか？

社員の能力開発の対象としては、次の2つが考えられます。

①業務遂行に必要な能力や力量を向上させる

②仕事に対するやる気やモチベーションを高める

①業務遂行に必要な能力や力量を向上させる

組織には社員に対して能力や力量の向上を要求する前に、非常に重要なことが欠落している事実があります。

その"欠落している事実"とは、

組織が社員に対して要求する
力量のハードルが明確になっていない

ということです。

そもそも、組織が社員に対して「ここまでの力量を身につけてください」という基準（ハードル）を設定していないのであれば、社員はどこを目指せば良いのでしょうか？

「そんなもの、やる気のある社員は自分で前向きに能力を磨いていけば良いのだ！」と昭和の時代錯誤の経営者は主張するかもしれませんが、果たしてそうなのでしょうか？　また、「当社には職能資格等級があるので、3等級の社員は4等級を目指せば良いのです」という経営者もいるのですが、その「職能資格等級」には、具体的な能力の基準が表現されていますか？　まさか、「部下の手本となる顧客対応ができる」などの抽象的な表現ではないですよね。

私は800回を超えるマネジメントシステム監査を実施していますが、

そのなかで組織が要求する力量のハードルを適切に設定している事例に遭遇することはほんのわずかです。これは、組織の規模や上場、非上場に関係なくです。

　以上のように、組織が社員に対して要求する力量のハードルが明確になっていないのであれば、適切な能力開発制度の存在など構築しようがありません。

　受験にしても、超えなくてはならないハードルが明確であるからこそ対策や実施計画が策定できるのです。

　こうした状況で一般社員に能力向上を期待すること自体が間違いだと思うのです。ただ、「働きながら族」については、自身の生き方のなかで常に「超えなくてはならないハードル」があるため、いざ、組織が適切な能力開発制度を構築・運用する際には、戦力になるのです。

②仕事に対するやる気やモチベーションを高める

　「人は他人を変えられない」については、本章 **2** で説明したとおり、セミナーや研修でやる気を出させ、モチベーションを高めることは難しいでしょう。いい換えれば、他人から言葉で説得されてやる気を出したり、モチベーションを高めることは難しいということです。

　とても素直な人や信じ込みやすい人などは、他人から説得されて効果が出る場合もあるでしょうが、それは少数派であり、かつ、そのような人材自体疑問に思えます。

　人は他人から説得されることを嫌います。

　では、どうすれば社員のやる気やモチベーションを高めることができるのでしょうか？　方法はいくつもありますが、一番簡単な方法は

　　ごく自然な形で頑張っている人を見せることです。

　受け取る側の社員にもよりますが、普通の人であれば頑張っている人を目の当たりにして、不快に思う人は少ないはずです。
　反対に良い意味で刺激を受け、「自分も頑張ろう」と思えるのです。
　そのためには「働きながら族」の頑張っている姿を有効活用すべきです。ただ一つ、ここで注意が必要です。「働きながら族」を適切に処遇している組織であることが前提です。

12 あなたの会社の残業時間……本当に必要ですか？

　処理すべき仕事が同じ場合、労働時間が長い人ほど業務処理能力が低いことは理解できると思います。ただ、これだけ明白なことが理解されず、長時間働いている社員が高評価を得ている実態の問題点を本書では指摘してきました。

　残業時間には、

①不要な残業時間

②必要な残業時間

の2種類があります。

　"①不要な残業時間"はなんとしてもなくさなくてはなりません。

　すべての企業は、この不要な残業時間は必ずなくさなくてはなりません。これは国の方針なので仕方ないことであり、正しいことなのです。

　ただ、不要であるのか否かを明確にしなくてはなりません。

　一見、"不要"と思われる残業時間であっても、残業している本人は必要と思い込んでいる場合があり、その場合、「なぜ不要なのか」を明確に示さなくてはなりません。また、残業している本人も"不要"とわかっているのに、ダラダラと残業している場合もあり、極端な例としては「残業代稼ぎ」のために残業をしていることもあります。

　"②必要な残業時間"も削減すべきです。「えっ？　なぜ必要な残業も削減すべきなのか？」ですって？

　必要と思われる残業時間ですが、本当に必要なのでしょうか？

　ある社員Aさんが1時間残業してトータル9時間で処理した作業を「働きながら族」のBさんは、残業せずにトータル8時間で処理

し、定時退社していませんか。

　このような事実があると、Ａさんのような人からは「働きながら族」は疎ましく思われるのかもしれません。正しい行いで生産性が高いＢさんが疎ましく思われるというのは踏んだり蹴ったりですが、現実問題として発生していることなのです。

　特に正当な評価軸を持たずに、長時間会社にいることを評価する考えの古い管理職が存在している組織では、普通に考えられることなのです。

　本書をお読みのあなたは、とにかく、

その残業は本当に必要なのか？

と疑問を持ってください。

　「疑問を持つ」ということは「猜疑心を持つ」ことではありません。

　「疑問を持つ」とは、改善に向けての問題意識を持つことであり、「猜疑心を持つ」とは、負のパワーにより相手を疑うことです。

　「働きながら族」は、職場で猜疑心を持つほどヒマではないので、その意味からもつき合いやすい人物です。

　もうそろそろ気がつきませんか？

職場は仕事をする場所であることを！

　このことに真の意味で気がつけば、ムダな残業はなくなると思います。

13　あなたの会社には「仕組み」がありますか？

あなたの会社にもなんらかの「仕組み」はあると思います。

例えば、

・改善提案の仕組み

・問題再発防止の仕組み

・教育訓練の仕組み

・検査の仕組み

・人事制度

・事故防止の仕組み

・顧客満足を高めるための仕組み

・環境にやさしい組織になるための仕組み　　など

「いわれてみれば当社にはそのような仕組みはなにも思い当たらない」という方もいるかもしれませんが、認識していないだけで必ずなんらかの仕組みがあるはずですので、ここではもう少し意識的に、運用されている「仕組み」について解説したいと思います。

そこで一つ重要な質問をします。

あなたの会社の仕組みは連動していますか？

例えば、上記の例では、「教育訓練の仕組み」と「人事制度」は連動しているのか、ということです。

本来、「教育訓練の仕組み」は、「能力開発制度」であるべきであり、その能力開発と「人事制度」は相互に影響し合い、連動していなくてはならないのです。

また、もう少し大きな仕組みで考えてみますと、「顧客満足を高

めるための仕組み（マネジメントシステム）」と「環境にやさしい組織になるための仕組み（マネジメントシステム）」は連動しているのでしょうか？

この２つの仕組みはともに「マネジメントシステム」ですから、重複箇所が多く連動していて当然なのですが、それがそうでもない組織をいくつも見てきたのです。

なぜ、私がこの「仕組み」の「連動」にこだわるのかといいますと、連動している場合と、していない場合とでは、次のような違いが出てくるからです。

・３つの仕組み同士が連動している場合：１＋１＋１＝４
・３つの仕組み同士が連動していない場合：１＋１＋１＝２

「仕組み」同士が連動している場合は、相乗効果で仕組みの数以上の効果が期待できますが、「仕組み」同士が連動していない場合は、干渉し合うことがあり、「仕組み」の和よりも効果は低減してしまいます。

また、複数の「仕組み」を一つの仕組みとして運用すること自体を「仕組み」ととらえてください。

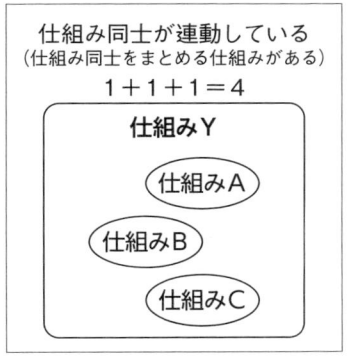

以上のように、「仕組み」はいくつも存在していながら、成果が伴っていない残念な組織を数多く見てきました。

私のような仕事をしていますと、経営層から次のような嘆きの声をよく耳にします。

「管理者・管理職が育たない」

私からいわせると、「管理者・管理職が育たない」のではなく、「然るべき立場の人が（通常は経営層）、管理者・管理職を育てていない」もしくは、「然るべき立場の人が（通常は経営層）、管理者・管理職を育てるのが得意ではない」ということなのです。

ここでいくつかある管理職の定義の一つを提示します。

管理職とは「仕組み」を運用できる人

なのです。

「仕組み」さえ運用できれば、必然的にその管理はできるはずであり、それこそが管理職の務めといえます。

前述のように経営層が「管理者・管理職が育たない」と嘆いている組織は、管理者・管理職が育たないのではなく、

・仕組みがない

・存在する仕組み同士が連動していない

のどちらかだといえます。

管理者・管理職からいわせると、**あなたは管理者・管理職なのだからその職を全うしなさい**」と指示されたところで、「**では、ナニを管理すれば良いのですか？**」と、まるで禅問答のようになってしまいます。

以上をまとめますと、「仕組み」がない組織や、それぞれの「仕組み」が連動していない組織は、管理者・管理職が非常に育ちにくい組織

風土であるといえるのです。

では、「仕組み」はだれが策定するのか。

「仕組み」の大小によりそれらを、策定する部署・役職は異なりますが、組織全体の仕組みの場合は、経営層の指示でプロジェクトを策定することになり、部の仕組みは部長の指示で部員が策定し、課の仕組みは課長の指示で課員が策定することが一般的でしょう。

また、有能な管理職であれば一人で自ら「仕組み」を構築することができます。

余談ですが、私たちコンサルタントも

・他人が策定した仕組みを指導するコンサルタント

・自らが策定した仕組みを指導するコンサルタント

の2つに分かれ、"他人が策定した仕組みを指導するコンサルタント"の能力が劣っているわけではありませんが、この場合でも常に問題意識を持ち、改善を試みたうえで指導すべきでしょう。

管理者・管理職を育成し、スムーズに組織運営するためにも「仕組み」の重要性が理解できたと思います。

そして、このスムーズに組織運営するための「仕組み」が存在していれば、ムダな残業時間の発生は抑えられます。

さらにその「仕組み」を最大限活用するように試みる存在が「働きながら族」といえます。

「仕組み」はツールです。設備・機械、ツールなどを導入してもあまり使用していない組織がたくさんあり、使用していない原因としては、

いまの仕事の処理方法を変えたくない、面倒くさい

などという自分本位な理由であることが多いのですが、「働きながら族」は、生産性向上につながる可能性がある場合や、定時で業務

処理が完了できる可能性のあるツールなどを積極的に使用したい人たちです。

　あなたの組織でも「働きながら族」のためだけではなく、スムーズに組織運営を遂行し、成果をあげていくために、ぜひ「仕組み」づくりに挑戦してください。

第3章

「働きながら族」、「ブラック社員」、「女性活用」を再チェック

1 「ブラック社員」とは？

　ここ数年「ブラック企業」という言葉をよく耳にすると思われますが、「ブラック社員」についてもご存知でしょうか？

　「ブラック企業」と「ブラック社員」の今後の数的推移について、私の考えをグラフにしてみると、次のようになるでしょう。

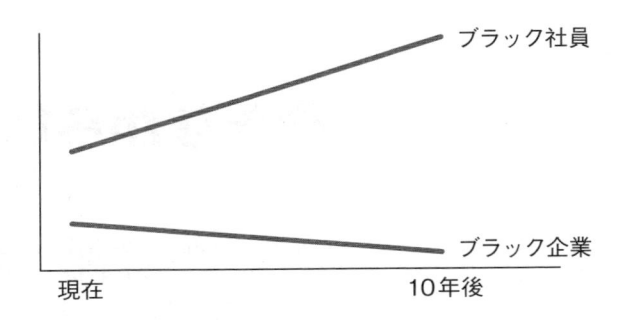

　「ブラック企業」は企業自らの法令遵守強化、関係法令改正、罰則規定強化および取締りの強化により減少していくと考えられますが、「ブラック社員」は、過度や誤った権利意識の高まりなどにより、このままでは今後も増え続けると思われます。

　上のグラフでは、現在の時点でも「ブラック企業」より「ブラック社員」の数が多く存在しています。

　では、「ブラック社員」とはなんでしょうか？

　「ブラック社員」とは、自分の労働者としての権利ばかりを主張し、自らの義務を全うしない社員のことです。

　ご存知のとおり、わが国の労働関係法令は、雇用後の労働者保護

を定めており、使用者（一般的には企業）にとっては重い内容が規定してあります。

　私も25年以上にわたり、社会保険労務士事務所を開業していますが、開業当時にはなかった問題社員の相談が数多くの企業から寄せられています。なかには、企業側に問題がある場合もありますが、多くは社員自身に非がある事例が後を絶ちません。最近ではこれらの相談に対する精神的負担から社会保険労務士自身がうつ病に罹患することもあるようです。

　社会保険労務士として守秘義務があるため具体的な内容は差し控えますが、本来、事業場を指導する立場の行政機関担当者からも企業が同情される案件もあり、「嫌な世の中になったなぁ」としみじみ呟いてしまうこともあります。

　自分の権利ばかりを主張し義務を果たさない「ブラック社員」は、このままでは今後も増加していくと思われ、なんとか増加を止めなくてはなりません。

　「ブラック社員」の増加を止めるためには、行政機関などの英断も必要ですが、使用者（企業・組織）自らの組織の浄化が必要です。

　本書ですでに説明したとおり、

すべての問題には原因がある！
すべての現象に根拠がある

のですから、「ブラック社員」が根づくには、その組織にもなんらかの原因があるのです。その原因を根本的に取り除かなくては、「ブラック社員」問題は解決できないでしょう。

2 「ブラック社員」が根づく組織とは？

「ブラック社員」には、考えを改めてほしいと思いますが、実は、「ブラック社員」にも2通りあると考えます。

①先天的なブラック社員

②後天的なブラック社員

"①先天的なブラック社員"については、正直どうしようもありません。対策としては、彼らがほかの社員に負の影響を与えないような組織風土の構築や管理職の配慮が必要となります。

"②後天的なブラック社員"については、「ブラック社員」に変貌を遂げるなんらかの原因があったと思われます。そして、その原因は組織自体が原因である場合が多いのです。

法令などを完璧に遵守している企業・組織はありえないと思いますが、明らかに遵守の程度が低かったり、不遵守を認識していながら、そのまま組織運営している場合も見かけます。

どれだけ素晴らしい組織で、社会貢献も行っており、利益もたくさん出していたとしても、たった一つの問題により組織が台無しになった事例をいくつか見てきました（最悪の場合は倒産）。

「ブラック社員」が根づいたり、彼らの居心地が良い場合は、組織として必ず原因があるのです。その原因を一つひとつ解決していかなくては組織の継続的運営などありえません。

そこで活用していただきたいのが、「働きながら族」なのです。

「働きながら族」は、暇ではありませんので、「ブラック社員」が精魂を傾ける無意味な活動には関与しません。

「働きながら族」は、自分に与えられた仕事の成果をあげるとい

う義務を全うするために一生懸命な人たちなのです。それが故に協調性がないと誤解を受ける場合もありますが、決してそうではなく、決められた時間内で自分の成果を出すことにこだわっているだけなのです。

　そのため、「働きながら族」は、

　・会社を困らせてやろう

　・金をむしり取ってやろう

　・仕事をさぼってやろう

などという低俗な考えを持つ暇もないのです。

　このような「働きながら族」は、組織運営にとって必ずプラスになると考えらます。そこでまれにその反論として、

自己中心的な考え方が蔓延<ruby>蔓延<rt>まんえん</rt></ruby>しませんか？

との質問を受けるのですが、これこそ的外れな質問だといえます。

　もちろん、この質問者の不安は理解できますが、この質問者が管理者・管理職であれば問題だと思います。

　「働きながら族」が活躍する組織において、自己中心的な考え方が蔓延するのであれば、それは、管理者・管理職の管理能力に問題があるということです。

　管理者・管理職の義務として、「仕組みの運用」と前述しましたが、

　・「働きながら族」が活躍できる仕組み

　・自己中心的な考え方が組織に蔓延しない仕組み

を構築して運営しておけば良いだけのことなのです。

　ここまで書くと、**「働きながら族」が活躍できる仕組みについてはなんとなく理解できるのですが、自己中心的な考え方が組織に蔓延しない仕組みとはどのような仕組みですか？**　との質問があるかと思います。

　ここでは、基本的な大前提を書きます。

　　**「働きながら族」が活躍できる、自己中心的な考えが蔓延
　　しない仕組みのなかには、「気配り」や「他人を思いやる
　　気持ち」が重要なのです。**

　自分の仕事だけサッサと片づけて定時に帰宅する社員のことを「働きながら族」というのではないということをよくよく理解してください。

　「働きながら族」は、だれからも非難されるべき行動を取っているわけではないのですが、日本企業の悪しき慣習である「定時退社への罪悪感」から、なんらかの負い目を感じている場合が多いのです。

　そのような「働きながら族」は、「気配り」や「他人を思いやる気持ち」を持っているのです。

　その点、「ブラック社員」とは対極的な存在であることを理解してください。だからこそ、**ブラック社員の対処には「働きながら族」が効くのです！**

３ 日本の失業率は本来０％？

　景気動向と連動するデータとして失業率がありますが、公表されている失業率を鵜呑みにして良いのでしょうか？

　極論をいうと、「働きながら族以外の求職者」の日本の失業率は０％なのかもしれません。

　ようするに「働きながら族以外の求職者」は、仕事内容や待遇を選ばなければ、なんらかの仕事に就くことができるのではないでしょうか。

　さらに厳しい表現をすると、「仕事のミスマッチ」という言葉が浸透していること自体、わが国の失業率の信ぴょう性に疑問がある根拠といえるでしょう。

　わが国の場合、「自発的失業」が許される状況にある労働者がいかに多いことでしょうか。これは非常に恵まれた状況であり、国としてもこれらの自発的失業者をどこまで手厚く保護すべきなのか、模索している状況といえるでしょう。

　その一方で、「働きながら族」で、「自発的失業」を選択できる人は少数です。なぜなら、現状、わが国の多くの企業は「働きながら族」が働きにくい職場環境であり、「働きながら族」にとって、「やっと見つけた働きながら族でもなんとか働ける職場」を退職することは非常に勇気がいる行動だからです。

　ただ、「働きながら族」が、"働きながら族"として働き続けられない状況に陥った職場では、退職を余儀なくされますので、企業としては"働きながら族"を続けられない環境にならないために最大限の努力をするべきです。誤解のないように申し上げますが、このこ

とは、

「働きながら族」が働きやすい職場環境を構築する
ということではなく、
「働きながら族」を続けられるための職場環境を維持する

ことなのです。ようするに最低限の職場環境の維持なのです。

「働きながら族」は、決して働きやすい職場環境ではなくてもなんとか調整して働いています。その"調整"ができなくなると退職せざるをえません。組織のなかには、「働きながら族」がいきいきと働くことができ、いかんなく能力を発揮している職場があることは事実ですが、まだまだ少数なのです。であれば、「働きながら族」がなんとか調整してでも働き続けられる職場環境を最低限維持していただきたいのです。

少々厳しい表現をしますと、数十年前に比べて現在では、会社を辞めることへの抵抗が非常に弱くなっていると思われます。その原因としてあるのが、

会社を辞めても生活に困らない

ということではないでしょうか。このことは数十年前より生活が豊かになった証拠なのだと思います。

会社を辞めることで生活に困るのであれば安易に退職はできないと思います。

私の関与先企業や当社において新規雇用した場合、一番困るのは、3か月から1年ほどで退職されることです。この期間で退職されると、支払った給与および法定福利費はまったく無駄になってしまいます。まだ、入社1週間くらいで退職された方がマシです。

余談ですが、現在、「格差是正」が叫ばれていますが、

　・行動や活動の結果により生じた格差
　・もともとの格差
の２点に分けて考えるべきです。

　"行動や活動の結果により生じた格差"とは、そのものズバリで、その人の行動や活動の結果生じた格差のことであり、この格差の是正も必要なのかもしれませんが、いい方を変えると「頑張った結果」、「サボった結果」という要素もあり、それほど必要性を感じません。

　一方、"もともとの格差"については、生まれ持っての格差や自身の行動や活動と無縁な格差ですから、格差是正の対象となると思います。

　"会社を辞めても生活に困らない"人とは一般的に恵まれた人であり、このもともとの格差に当てはまる人といえるでしょう。ですから、安易に「転職」をする人がいるのだと思います。

　このような考えを述べますと、一部の例外の方から猛反発を受けることがありますが、私が述べているのはあくまで原則であり、例外に当てはまる方を対象としているのではないことをご理解ください。

　ここで「退職」と「転職」について私の考えを一つ。

　「退職」とは、単に会社を辞めることであり、「転職」とは、ほかにやりたいことや目的があるために新しい会社に移ることだと思います。

　「働きながら族」の多くは会社を辞めた場合に生活への影響が避けられないため、自主的な「退職」という行動は起こしにくいものです。

　「転職」についての可能性は否定できませんが、以上のように、いわゆる前向きな「転職」はいたし方ないとして、自発的な「退職」の可能性の少ない「働きながら族」を組織は優遇すべきです。

　組織として、即戦力となる社員を新規雇用できる機会などめった

にありません。通常は多額の費用を投じて一人前にしていかなくてはなりません。その"多額の費用"を無駄にしないためにも、長期雇用を望んでいるのですが、なかなかそうはいきません。その点、「働きながら族」は、働きながらやるべきことが続けられる職場環境を提供できるのであれば、長期雇用が実現できるので、組織としては貴重な存在といえるでしょう。

4　対角線上にある「働きながら族」と「ブラック社員」

　本章 **1** で「ブラック社員」とは"自分の労働者としての権利ばかりを主張し、自らの義務を全うしない社員のこと"と定義しました。「働きながら族」と「ブラック社員」の共通点として、

　　　　　自分の行動が中心という点があります。

　ただ、この共通点の内容には大きな違いがあります。

① 「ブラック社員」の自分の行動が中心
　自分さえよければよく、その褒められがたい考え方・行動をほかの社員にも伝染させようとする。また、常に「○○するのは損だ」と考えている。その結果、自らの失敗に責任を取らない。

② 「働きながら族」の自分の行動が中心
　自分の行動に責任を持ち、可能なかぎり職場の空気感を理解している。

　ようするに、職場という四角のエリアのなかで「働きながら族」と「ブラック社員」は対角線上にあるのです。そのことからも「働きながら族」は、「ブラック社員」から最も影響を受けにくい存在といえるでしょう。
　「ブラック社員」にとって、自分と同様に自己中心的な考えをしているであろうと思われる「働きながら族」（これは誤解ですが）は、自分たちの領域に引きずりこむ格好のターゲットと感じるのかもし

れませんが、「働きながら族」は「ブラック社員」を相手にしている時間など1秒たりともないので、「ブラック社員」からの誘いには乗りません。

　「働きながら族」が組織のなかに一人でも増えることは、「ブラック社員」を増やさない有効な手段といえます。

5　組織の浄化に必要な「働きながら族」
前向きさは伝染する

　人は弱い生き物であり、ラクなことにはすぐに慣れてしまいますが、厳しいことにはなかなか慣れません。

　一般の社員は、「ブラック社員」から

- 「そんなに頑張らなくてもいいよ」
- 「売上げが増えても自分の給与が増えるわけではないので、売上げ増加につながる行動なんてしなくてがいいよ」
- 「一生懸命8時間仕事しても、サボっていても同じ8時間の給与なんだからサボろうぜ」
- 「休日に草野球で怪我したけど、仕事中に怪我したことにして労災保険で補償してもらおうぜ」
- 「20分くらいトイレということで粘ろうぜ」

などと囁（ささや）かれ、「ブラック社員」たちのブラックホールに連れ込もうとします。

　しかし、「働きながら族」は、「ブラック社員」からの悪魔のささやきには耳を貸しません。そんな暇はないのです。仕事以外にも一生懸命やるべきことがあるのです。

　いかにラクをしようとか、いかにサボろうなどという後ろ向きなアイデアに頭を使っている時間こそがムダなのです。

　反対に、ある条件のもとでは、「働きながら族」の一心不乱に仕事に打ち込む姿勢を一般社員に見習わせることも可能なのです。

　では、その「働きながら族」の長所を一般社員に見習わせるための"ある条件"とはどのようなものなのでしょうか？

　それは、**組織として、上司として、「働きながら族」を正当に評**

価することです。

　「働きながら族」は、決められた就業時間内で決められた成果を出して定時退社するのですから、評価されることはあっても、なんら後ろ指を指される覚えはないのですが、多くの組織では、第1章 **5** で説明したように、**定時退社に対するアレルギー**が存在しており、その原因として、

定時退社する生産性の低い問題社員

と「働きながら族」との混同があるのです。

　このような組織では、「働きながら族」を正当に評価できないばかりか、マイナス評価さえしてしまいます。

　このような組織は、「ブラック社員」にとってまさにパラダイスです。なぜなら、正義が悪とされているからです。

もういい加減、やめにしませんか！

　このような、問題のある組織に対して、「働きながら族」を正当に評価してくださいなどという理想をいまの段階で唱えるつもりはありませんが、せめて「ブラック社員」が居座りにくい組織風土を実現してほしいのです。そして、それが実現できた後には、ぜひ「働きながら族」を正当に評価してください。

　「働きながら族」を正当に評価し、一人でも多くの「働きながら族」が気持ちよく働ける組織、いかんなく能力を発揮できる組織を一つでも増やすことで、組織の浄化につなげてほしいのです。

　そのことは、「働きながら族」にとってはいうまでもなく、組織自体、経営者・経営層およびほかの社員にとっても働きやすい理想の職場となるでしょう。

6　なんでもかんでも「女性活用」に頼らないで

ここ最近、そして今後に続く問題として「人手不足」があります。

その「人手不足」対策として、女性活用が至る所で謳われていますが、果たしてそれだけで解決できるのでしょうか?

女性活用は、「夕飯のおかずが足りないから、前に買っておいた缶詰を開けておかずにしよう」と同じに考えてはいけません。

この表現は誤解を招くかもしれませんので補足しておきますが、現在仕事に就いていない女性は保管されている缶詰ではありません。保存食用などに購入しておいた缶詰に理由があるのと同様、現在仕事に就いていない女性にも理由があるのです。

では、**なぜ仕事に就いていない女性が多数いるのでしょうか?**

答えは簡単です。

仕事に就きたくても就ける職場がないからです。

一部の専業主婦希望の方は除外したとしても、そのほかの既婚女性や子育て中の女性のほとんどは職場復帰したいのではないでしょうか?

仕事に就きたい既婚女性や子育て中の女性にとって、仕事に就けない理由は、雇用する組織側だけの問題ではなく、子供を預かってもらえる場所がないという問題もあります。

これらの問題を解決できないかぎり、「女性活用」など、絵に描いた餅といえるでしょう。

「女性活用」を絵に描いた餅で終わらせないためにも、国をあげて待機児童問題に取り組んでおり、その取組みに対しては評価できると思いますが、女性を雇用する側の組織・企業が、女性(既婚、

子育て中など）を雇用するにあたり、組織として対応すべきことへの理解があまりにも浅いとは思いませんか？

このような考えを示すと、

・当社はトイレを女性用と男性用に分けました

・女性用更衣室を設置しました

・社内を完全禁煙にしました

などと、胸を張っていわれる経営層の方がいます。

確かにすべて良いことだと思います。

しかし、それだけでしょうか？

定時退社へのアレルギーはありませんか？

ようするに、

「働きながら族」がいかんなく能力を発揮できる
組織風土は構築できているのでしょうか？

「働きながら族」がいかんなく能力を発揮できる組織風土が構築できないかぎり、「女性活用」は難しいと思います。

「人手不足」対策の切り札として、「女性活用」を掲げるのであれば、ぜひ「働きながら族」対策も実施してください。

7 専業主婦ってそんなに悪ですか？

場面・場所によっては、風当たりの強い専業主婦。専業主婦のなにがそんなに悪いのでしょうか？

私は、専業主婦は堂々としているべきだと思います。

働く女性と専業主婦のそれぞれに言い分があると思いますが、どちらも間違っているわけではなく、他人がとやかくいうことではないと思うのです。

ただ、専業主婦のなかには、**機会があれば働きたい！** という希望を持ってる人がたくさんいます。

しかし、活躍する場が少ない。

専業主婦の方も、一度働きに出たら、「働きながら族」です。

問題は、専業主婦生活に終止符を打ち、「働きながら族」となる場合、「働きながら族」を受け入れられる組織・企業がどれほどあるのか？ということです。

求人数だけで見ると、至る所に「パート募集」の文言を見かけますが、これらの職場は「働きながら族」にとってやさしい職場なのでしょうか？

誤解のないようにつけ加えますが、働く者がわがままをいえる職場が、「働きながら族」にとってやさしい職場だということではありません。そして、パートとして就職した後、正社員になった場合、どうなるのでしょうか？ 使用する側もパート社員に対しては、ある意味割り切った処遇を行うのですが、正社員に対しては厳しい態度を取り、決して「働きながら族」がいかんなく能力を発揮できる職場とはいえないのが現状です。

8 女性が能力を発揮できない原因とは？

　当社（当事務所）は、10人弱の小さな組織ですが、社員のほとんどが女性です。経営トップである私が留守がちななか、その女性社員たちによって、組織運営できているので、本節の"女性が能力を発揮できない原因とは？"という質問は愚問に当たります。

　いい方を変えると、

当社は女性の能力発揮抜きでは運営できない組織

ということになります。

　そもそも"女性が能力を発揮できない"と本節の表題に記載してありますが、「女性の能力」とはなんでしょうか？　一部の業務を除いて、仕事に女性も男性も関係ありません。そして、女性の能力に頼っている当社としては、

男性より女性の能力の方が高い！

と認めざるを得ません。

　能力という表現が適切か否かは別として、「根性」、「根気」については男性より女性の方が優れているのではないでしょうか？

　あくまで私の少ない経験ではありますが、問題を避けて通る傾向にあるのは男性の方かと思われます。女性の場合、子育てから逃がれることがほとんどできないという母性の影響かもしれませんが、避けて通るという行動を慎んでいるように思えます。

　以上が、私のつたない25年の組織運営の経験と、関与先企業への指導経験から得た結論です。

　しかし、なぜ女性が能力を発揮できる職場が少ないのでしょうか？

　原因としてさまざまなことが考えられますが、性質の悪い原因の一つとして私は

男性の嫉妬があると思います。

　嫉妬……やきもちですね。

　女性が男性に異性関係でやきもちを焼くのは可愛いと感じられる場合もありますが、男性の嫉妬は本当に厄介です。

　広告規制の厳しい業界などで、この“男性の嫉妬”は非常に問題であり、業界外から「程度が低い！」と思われても仕方がないことでしょう。俗に業界内で同業者同士が男性の嫉妬により足を引っ張り合っている間に、外部から黒船が来て業界が荒らされてしまう例が多々ありますね。

　このように、仕事において男性が男性に嫉妬する場合は男社会の力関係から多少マシなのですが、「女性の仕事・能力に対する男性からの嫉妬」は非常に根が深いものがあります。

　現実として、経営者も管理職も男性の方が圧倒的に多いのがわが国の現状です。そのなかで女性が頑張っていくためには、どうしてもこの「女性の仕事・能力に対する男性からの嫉妬」と対峙しなくてはならないのです。可能であれば“対峙”ではなく“受流し”といきたいのですが、男性にも粘着質の性格の人がおり、簡単には受け流させてくれない場合もあります。

■「女性の仕事・能力に対する男性からの嫉妬」への対策はあるのか？

　正直、この対策は非常に難しいと思います。ただ、対策がまったくないわけではありません。その一つとして、

　客観的な評価制度の構築・運用（要素と基準が明確な評価制度）があります。

　部下や同僚の女性への嫉妬から、嫌がらせのネタを探すのが上手な男性管理職は確かに手ごわいですが、

・なにをすれば評価が上がるのか？
・なにができなければ評価が下がるのか？

などを明確にしている評価制度があれば、嫌がらせも軽減されます。

　また、当たり前のことですが、部下の成果、部下の失態は上司の評価に影響します。そのことをよく認識できる制度にすべきです。ただ、悔しいことにあくまで"軽減"であり、なくなるわけではありません。では、次にどのようにすべきか？

　もちろん、理不尽と思われる仕打ちをすべて記録しておき、いざというときに法的手段に訴えることも可能ですが、その具体策はほかの専門書に任せましょう。

　私自身、経営コンサルタントの一人としてあまり大きな声ではいいたくないのですが、第2章 **2** で説明したとおり、

人は他人を変えられないのです。

　いまさら、女性の仕事・能力に嫉妬するような器の小さな男性管理職を変えることはできないのです。また、一般の管理職よりもさらに性質が悪いのが、「しがみつき役員」、「しがみつき部長」です。彼らは、いまさらほかの組織で必要とされないこと自覚していますので、現状の組織にしがみついており、そこで自分より有能な部下を潰しにかかります。その部下が女性の場合、なおさらです。

　それでもまだ、「器の小さな男性管理職」、「しがみつき役員」、「しがみつき部長」でしたら、定年、任期満了もしくは異動なども期待できるのですが、経営者となるとどうしようもありません。

　このような場合は、その組織に見切りをつけることが有効な手段といえます。

「そんな無責任な！」

といわれるかもしれませんが、よく考えてみてください。

　いくら「器の小さな男性管理職」、「しがみつき役員」、「しがみつき部長」からの嫉妬だとしても、嫉妬されるほどの仕事ぶりや能力がある女性なのですから、そのような素敵な女性を雇用し、能力発揮の場を提供できる組織は必ずあるハズです。

　ただ、そうした女性社員もまた、そこで一歩下がって自分の仕事に対する姿勢や上司、同僚および部下に対する態度を振り返ってみる必要があります。女性自身にも非があったのかもしれませんし、男性上司からの嫉妬と思っていたことも、実は正当な注意であったのかもしれません。

　以上のことは、男性管理職・経営層自身も肝に銘じてください。

　・あなたは女性社員の仕事ぶり、能力に嫉妬していませんか？

　・あなたの適切な部下育成行動が、対象の女性部下から「男性上司からの嫉妬」と誤解されていませんか？

　もし、女性社員に対して嫉妬しているのであれば、いかに的外れであるのかを理解してください。

　自分の下に能力が高く仕事ができる部下がいること自体、とてもラッキーなことなのです。部下は上司を選べませんが、ほとんどの場合、上司も部下を選べません。

　せっかく、有能な女性部下がいるのであれば、徹底的に能力を磨かせ、徹底的に活用してください。そして、上司がラクになれば良いのです。

　そのうち、自分を追い抜き、その有能な女性部下は出世していく

かもしれません。それこそ万々歳ではないでしょうか。

　自分が育てた部下が出世していく。それはあなたの成果です。あなたが育てた部下が出世することで、あなたにも必ず良いことがあるハズです。

　部下の女性に嫉妬する暇があれば、たくさんの仕事を教えて、かつ、温かく見守ってあげれば良いのです。その部下もあなたへの感謝を忘れないでしょう。

　私自身、非常に有能な女性職員に巡りあい、現在があると思っており、非常に感謝しています。

　ここで、仕事ぶりが良く、能力の高い女性の転職について触れましたので、ついでにもう少し触れておきましょう。

　このような女性に向けて、転職する際に重要なポイントを一つ説明しましょう。

　このような素敵な女性にとって、転職は確かにリスクかもしれませんが、このリスクをちょうど良い機会ととらえて、人生の良き転機にすることが可能なのです。

　「リスク」と「機会」は常に表裏一体で、考え方やモノの見方によっては「リスク」を「機会」に変えられるのです。逆に「機会」を活用する場合には、ぜひ「リスク」についても考慮してください。

　ただし、転職する際、必ず求職を希望する組織で面接があると思いますが、その面接でいってはいけないことがあります。それは、

前職の悪口です。

　求職先の組織でも同様の問題がないのか確認するうえでも、前職の悪口をいいたくなる気持ちはわかりますが、その場合は表現を変えてください。「前職では女性への嫉妬が激しく苦労しましたが、御社は大丈夫ですか？」ではなく、「御社は女性でも前向きに頑張

ればチャンスをいただける組織ですか？」と。この表現も「リスク」
を「機会」に変えましょう。

9　「働きながら族」へのハラスメント？

「働きながら族」へのハラスメント（嫌がらせ）は存在するのか？
存在するのであれば、その原因はなんなのか？

　　前述のとおり、すべての現象に根拠があるのでしたね。

私が考える「働きながら族」へのハラスメントの原因として、
①能力が高いから
②残業をしないから（もしくは少ないから）
③その他
が考えられます。それでは、内容を見てみましょう。

①能力が高いから
　「働きながら族」にとって時間は非常に貴重です。
　かぎられた時間のなかで決められた成果を出さなくてはなりません。
　ようするに「働きながら族」には高い能力が求められるのですが、
「働きながら族」の能力が高いとはかぎりません。
　「働きながら族」は、やむにやまれずかぎられた時間内で成果を
出しているのです。決して、最初から段取りよく成果を出してきた
のではありません。人はやらなくてはならない状況に陥ると、でき
ることがたくさんあるのです。「働きながら族」もその状況に陥っ
たため、業務処理能力が成長したのだと思います。
　このことは、「働きながら族」にかぎらず、だれであっても、か
ぎられた時間を有効に活用し成果を出すことが可能だといえます。
　しかし、同じ職場のほかの社員からすると、「働きながら族」は

能力が高いと感じてしまい、前節で説明した"嫉妬"が生じるのです。

その結果、ハラスメント的な行動に及ぶのかもしれません。

組織のなかで、「働きながら族」が過半数を占めていればこのようなハラスメントは起きにくいのでしょうが、まだまだ日本の組織では「働きながら族」が過半数を占める場合は、少数派なのです。

②残業をしないから（もしくは少ないから）

第2章 **8** で、定時退社に対するアレルギーについて説明しましたが、わが国の企業では、「残業する社員が良い社員」という風潮が払しょくできずにいます。

「働きながら族」は、その日一日の成果を出したうえで定時退社しているのですから、なんら文句をいわれる筋合いではないのですが、それでも"定時退社"が目立つのでしょうか。この悪しき慣習が是正されるにはもう少し時間が必要なのでしょう。

③その他

「働きながら族」の行動自体が原因の場合と、「働きながら族」の行動に対する誤解が原因の場合の2つが考えられます。

まず、"「働きながら族」の行動自体が原因の場合"とは、「働きながら族」にも多少の非がある場合です。一例として、「自分さえ良ければいい」という態度が表面化している場合があります。

"「働きながら族」の行動に対する誤解が原因"の場合は、受け取る側（「働きながら族」以外の社員）の誤解によるものですから、少々厄介です。

「働きながら族」にとって過剰なコミュニケーションは不要ですが、誤解を受けないために最低限のコミュニケーションは必要でしょう。

10　働きたくない人に頼るのではなく、働く意欲のある人が100％働ける社会へ

　本章 **3** で、"本来０％の日本の失業率"について、解説しましたが、社会には、

　①働ける状態であるが、働きたくない人

　②働ける状態であるが、働きたくても働けない人

の２種類の人が存在しています。

　"①働ける状態であるが、働きたくない人"のなかには広義の意味で、

　・自発的失業者

　・仕事を選り好みしている人

を含めます。

　現在、国をあげて、これらの人の就労支援をしており、そのこと自体は否定しませんが、

優先順位を設けるべきではありませんか？

　自発的失業者や仕事を選り好みしている人などを含めた、"①働ける状態であるが、働きたくない人"に対する支援よりもまずは、

"②働ける状態であるが、働きたくても働けない人"に対する支援を優先的に行ってほしいのです！

　ようするに、

働く意欲のある人が100％働ける社会の実現

を目指すべきなのです。

　私は、"自発的失業者"や"仕事を選り好みしている人"を否定して

いるのではありません。各自それぞれ事情があるのですから致し方
ありません。ただ、働く意欲のある人が職に就くことへの積極的な
支援こそ優先すべきだと考えます。

　"②働ける状態であるが、働きたくても働けない人"は、なにも「働
きながら族」にかぎりませんが、「働きながら族」が多くを占めて
いると思われます。

　「働きながら族」にもさまざまな人がいて、その代表例を再掲し
ますと、

　　・働きながら家事や子育てをしている人
　　・障害を抱えながら働いている人
　　・働きながら勉強をしている人
　　・働きながら介護をしている人
　　・働きながら持病を治療している人　　などです。

　これらの人々を組織・企業として活用する場合、一部、施設（ハー
ド）の改造などが必要な場合がありますが、ほとんどは組織風土や
ソフトの部分で対応可能なのです。

　そして、"②働ける状態であるが、働きたくても働けない人"は、
組織の継続的繁栄に必ず役立つ人材だと思います。

　この"②働ける状態であるが、働きたくても働けない人"を積極的
に雇用する組織・企業が増加し、その結果、組織風土に変化がみら
れると社会全体が変わってくると思うのです。

　そうなると、"①働ける状態であるが、働きたくない人"もうかう
かしてはいられません。彼らも国民の義務としてではなく、自ら進
んで働くことを選択しやすくなる社会の構築が可能になると考えて
います。

第4章

「働きながら族」が
活躍するための
組織のつくり方

1 胡坐をかいてはいけない「働きながら族」

本書のまえがきで次のことを書きました。

「本書で応援する『働きながら族』とは、就業時間にただ居るだけの人のことではなく、日ごとの成果を達成する責任のある人のことです。」

残念ながら「働きながら族」全員が、日ごとの成果を達成する責任のある人ではありません。ある意味、開き直って、

「私には○○があるのでそちらを優先します」

と、途中で仕事を放り出して退社する人もいます。

このような態度の「働きながら族」には、非常に迷惑します。

だれが迷惑するのでしょう？

もちろん、仕事に責任を持つ「働きながら族」です。

ようするに「働きながら族」には、

① 「無責任な働きながら族」

② 「責任ある働きながら族」

の2種類が存在するのです。

「責任ある働きながら族」は、「無責任な働きながら族」のために非常に迷惑しています。

バブル期における欧米への一部のマナーの悪い日本人観光客のために、日本人全員に、悪い印象を持たれたことと同じですね。

まさに敵は同じ境遇の人なのです。

本章では、「働きながら族」が活躍するための組織づくりについて説明しますが、まず最初に着手すべきは、組織風土改革でも、仕

組みづくりでもなく、「無責任な働きながら族」対策なのです。

では、「無責任な働きながら族」への対策はどうするのか？

実はとても簡単なことなのです。

仕事の到達点を決めれば良いのです。

このことは、なにも「働きながら族」にかぎったことではなく、すべての社員に対して必要なことなのです。

ただし、「働きながら族」には、この方法は特に効きます。

「働きながら族」は、もともと時間に制約があり、残業が許されない場合がほとんどですから、そのかぎられた時間における到達点を決定しておくことは、良いプレッシャーとなりえます。

そして、到達点に達しない場合、適切な評価基準のもと、次の展開に進めば良いのです。

「働きながら族」には酷かもしれませんが、ほかの社員同様に、

- おしゃべりに興じる
- ゆっくりお茶を飲む
- 喫煙しに行く
- 長いトイレ
- ムダなスマホいじり

などやっている時間はないはずです。もし、ほかの社員同様に前述の行為をしているのであれば、「無責任な働きながら族」もしくは予備軍といえるでしょう。

「無責任な働きながら族」からしてみると、「なぜ、一般の社員と同じことをしてはいけないのか？　同じ権利を主張してはいけないのか？」と質問されそうですが、

意識を改めてください！

そもそも、仕事に関係ないおしゃべりや喫煙などは、労働時間ではなく、労働から離れている状態です。これらは使用者（組織・企業）からすると、まったくムダなことであり、即刻、控えてほしい行動です。このような行動の度が過ぎると立派な「ブラック社員」となるのです。

「働きながら族」は、開き直って「無責任な働きながら族」に落ちるより、どうか「責任ある働きながら族」に昇りつめてください。

労働しながらほかにもやるべきことがある「働きながら族」には、確かに頭が下がりますが、他人を思いやる気持ちを組織内でも発揮してください。

組織に柔らかくやさしい空気を漂わせるには、「気配り」、「他人を思いやる気持ち」が大切なのです。

「働きながら族」も、自分が勤務する組織・企業から大切に扱ってほしいのであれば、「働きながら族」自身も皆を大切に思い、扱わなくてはなりません。

「責任ある働きながら族」であり、日々、週次、月次および年次の成果を確実に出していたとしても、必ず、なにかしら組織内のだれかに協力をしてもらっており、世話になっているのです。

その事実をふまえた謙虚さがなくなった時点で、組織内の人々を敵に回すことになります。

人はそれほど強い生き物ではありません。

「働きながら族」こそ、組織内の融和を推進することを念頭に日々仕事に打ち込めば、「働きながら族」が活躍できる組織づくりの基礎となるでしょう。

「働きながら族」が活躍するための対策とは？

　本節では「働きながら族」が活躍するためにはどのようにしていくのかを鳥瞰してみましょう。その内容は以下のとおりです。

①日々、週次、月次の到達点を決めさせる
②成果が完遂できなかった場合の原因を追究する
　（成果が完遂できた要因も追究する）
③成果を完遂する「働きながら族」に対し高評価を与える
④「働きながら族」とその他社員との処遇の区分け
⑤「隠れ働きながら族」が安心して会社に事情を伝えられる仕組みの構築
⑥なにがなんでも決めたことはやり遂げる組織風土の構築
⑦生産性向上に取り組む
⑧ムダな労働時間・残業時間の削減・撲滅
⑨「ブラック社員」対策
⑩「働きながら族」の活用度を管理職の評価項目に入れる
⑪「働きながら族」の割合・活躍度を検証し、改善につなげる

　では、次節から具体的な内容を説明していきます。
　この具体的な内容は、決して、「働きながら族」だけを対象にした施策ではなく、組織で働くすべての社員を対象に実施してください。

3 対策① 日々、週次、月次の到達点を決めさせる

　本章 **1** でも説明しましたが、"到達点を決めさせる"と表現しますと、「目標管理制度ではないか」と思われるかもしれませんが、決して、そのようなことではありません。

　あくまで、その日一日の就労終了時、週末、月末にどのような作業をどこまで済ませておくのかを明確にしておくことです。

　ホワイトカラーの職場では、その日の作業の到達点をあらかじめ決めていない職場がたくさんあります。製造業に従事している人から見ると信じられないのですが、現実です。

　なぜ、ホワイトカラーの職場ではその日の作業の到達点をあらかじめ決めておかないのでしょうか？　一つの要因として、イレギュラーな作業が発生する確率が高いことを理由にされる場合が多いのだと思います。反対に、あらかじめ決めておいたとしても計画どおりに作業が進むことの方が稀ではないかと。

　果たしてそうなのでしょうか？

　そもそも、日ごとの作業計画が存在していないので、イレギュラーであるのか否かはよくわかりません。

　仮にイレギュラーな作業が頻発しているのであれば、それこそ本来の姿なのかもしれません。

　ＰＤＣＡについては、第２章 **10** で説明しましたが、すべてのことにＰＤＣＡは存在しており、日々の作業においてもＰＤＣＡを回しているのです。

　その最初の一歩の「Ｐ：Plan：計画」がないことは非常に問題です。まずは一日の就労終了時での作業の到達点を「Ｐ：Plan：計画」

として立案すべきです。そして、週次、月次、年次の計画に展開していけば良いのです。

　最初の計画立案時は、実施して検証した結果、なかなか計画どおりに行かないことが多いものですが、ある程度慣れてくると計画どおりに行くことが増えてきます。

　まずは、計画を立案してください。

　習慣というのは面白いもので、計画立案が習慣化してくると、苦もなく計画が立案できるようになり、さらに、立案した計画が達成できるように行動するようになります。ようするに、立案した計画を実現するためにはどのようなことをすべきか、もしくは、しないでおくのか、を考えながら作業に取り組むようになるのです。

　以上のように、日々の計画立案に慣れてきたところで、週次計画、月次計画へと展開していけば良いのです。

　次の展開として、計画立案時に上司の検証を受けるようにします。この計画立案は、必ず、前日までに行ってください。

　成熟した組織であれば、日々の計画立案導入時にあわせて、上司が検証することにしても良いのですが、未成熟の組織では上司自体が計画内容の検証という行為に慣れていないことがありますので、前述のように、"まずは計画を立案してください"。

　上司が部下の翌日の作業計画を検証してみると、その内容に驚くことがいくつもあるでしょう。例えば、

・計画内容が甘すぎる（一日かけてたったこれだけの作業内容？）
・計画内容が厳しすぎる（この膨大な作業が一日でできるのか？）
・達成できないことが前提の計画
・明らかにたいした作業がない
・非生産的な作業で一日を費やす計画
・単なる時間つぶし的な作業計画　など

があり、これらの問題のある計画を修正させるだけでも組織の改善につながることはいうまでもありません。

4 対策②　成果をあげられなかった場合の原因を追究する（成果を完遂できた要因も追究する）

　ＰＤＣＡを理解したうえで、「Ｃ：Check：検証」する場合も、Ｐ
ＤＣＡを理解せずに単にチェックする場合でも、「できた」or「でき
なかった」だけを確認する人がほとんどだと思います。

　それだけで良いのでしょうか？

　「できた」または「できなかった」のチェックはもちろん必要ですが、
「できなかった」場合の

なぜできなかったのか？

については、気になりませんか？

　私が考案・策定した根本的な時短の仕組みである「時短マネジメ
ントシステム」では、作業が計画どおりにいかなかった場合の原因
について、原則、追究しています。

　計画どおりできなかった原因を明確にして、取り除かないかぎり、
同じことが再発する可能性が非常に高いものです。

　雨天で自動車の追突事故の原因がすり減ったタイヤである場合、
タイヤを交換しないかぎり再発の可能性が否定できないのと同じです。

　問題が発生した場合の処置として次の２点が考えられます。

・応急処置・修正

・再発防止処置

　ほとんどのホワイトカラーの組織では、“応急処置・修正”だけで
済ませている組織・企業がなんと多いことでしょうか。ですから、
いつまでたっても同じような問題が起きて、改善されないのです。

　例えば、求人募集に対して応募された履歴書を「不採用通知」の

文書とともに求職者に返送する場合、求職者であるＡさんに別のＢさんの文書を郵送してしまった場合を想定してください。

　個人情報保護の観点から見てもとんでもないことなのですが、この場合の"応急処置・修正"とは次のようになります。

○応急処置・修正

　求職者宅へうかがい、謝罪したうえで本来郵送すべき文書を手渡す。

　また、可能であれば、間違えて郵送した文書の内容について一切口外しない旨の確約書をいただく（手土産などの持参はその都度判断）。

　果たして、この"応急処置・修正"だけで大丈夫ですか？

　私が当該部署長でしたら非常に不安です。

　そこで、"再発防止処置"が必要となるのです。

○再発防止処置

　文書誤送の原因を追究する。仮に文書誤送の原因が、不採用求職者５人への文書郵送作業を５人分まとめて行ったことによる封入ミスであるとした場合、今後は、不採用求職者への文書郵送作業を一人分ずつ行い、一人分を完全に封入した後に次の不採用求職者への文書郵送作業に移る。また、不採用文書封入の際、あて先と不採用文書の中身のチェックを別の担当者が行うことも有効でしょう。

　このような再発防止処置、いわゆる是正処置を実施しなくてはなりません。一定レベル以上の製造業においては当たり前の是正処置ですが、ほかの業種では、まったくできていない組織・企業がなんと多いのでしょうか。

　過去の拙著にも記載していますが、

日本人は謝罪してオシマイなのです。

交通事故の被害者も同様ですね。

加害者からの謝罪があり、人的・物的補償をしてくれれば、それで良しとしてしまいがちです。個人レベルで一過性の場合はこれで良いのかもしれませんが、組織としての継続的な活動では必ず再発防止策（是正処置）に取り組まなくてはならないのです。

日々の到達点についても、計画どおりに到達できなかったのであれば、「頑張ったのですが、ダメでした。残念！」では、ダメなのです。

なぜ、計画どおりにいかなかったのかの原因を明確にしたうえで、その原因を取り除かないかぎり、再度同じ結果になってしまいます。

そして、この原因特定。決して、安易に原因を特定しないでください。私自身、現在でも年間50回ほどマネジメントシステムの審査を実施しており、その際に審査対象組織で発生している問題の原因を確認しているのですが、「教育不足」や「周知徹底不足」、「思い込み」など非常に安易な原因が特定されている例が後を絶ちません。マネジメントシステムに取り組み、第三者認証を受けている組織でさえそうなのですから、その他の組織における原因追究の甘さは予想がつくものです。

「働きながら族」が活躍するための組織のつくり方云々の前に、問題発生における「原因特定〜原因除去〜その後の確認」という一連のプロセスが必要であることを深く認識してください。

このプロセスが仕組みとして定着していない場合は、同じような問題が再発し、いつまでたっても改善できない組織になる可能性が非常に高くなってしまいます。

さて、「働きながら族」は、日々、週次、月次の成果を明確にしたうえでその成果を達成します。

彼らはなぜ達成できるのでしょうか？

　失敗に原因があるように、成功にも要因があります。

　「働きながら族」が成果を達成する要因については、本書の各所であげてきましたが、あなたの職場において、成果という到達点に達することが日常である「働きながら族」が存在しているのであれば、その要因を探ってみてください。

　良い見本が身近にいるのであれば、ぜひ、活用してほしいのです。

　成功の要因を明確にする方法として、一番簡単な手法は、インタビューです。そうです、直接本人に聞いてみるだけです。

　「あなたはなぜ、成果を出せるのですか？」と。

　最初は、照れもあり「普通に業務処理しているだけです」と答える「働きながら族」が多いと思いますが、「働きながら族」は必ず、組織のムダの原因を摑んでいます。ただ、その把握しているムダの原因を公言することは、該当社員を非難することになるので、控えているのです。しかし、組織を良くするための良い機会ですから、質問を工夫して、ぜひ、聞き出してください。

　上司・管理者にとって「えっ？　そんなことが……」ということが必ず出てきます。

　そして本節の最後に、「働きながら族」の成果にかぎらず

**　難易度が高い計画の成果完遂の場合は、その要因も明確にする**

ということをつけ加えておきます。失敗の原因だけではなく、成功の要因についても明確にすることで、成功の再現性が高まります。

5 対策③　成果を完遂する「働きながら族」に対し高評価を与える

　本節のテーマでは、成果を完遂する「働きながら族」に対して高評価を与えることになるのですが、「働きながら族」に限定せず、成果を完遂する社員に<u>当然の如く</u>高評価を与えるのです。

　あまりにも当たり前のことなのですが、

**　当日の作業予定を完遂できない社員が**
**　野放し状態になっている組織がなんと多いことでしょうか！**

　当日の作業予定を完遂できないことが当然のようになっていることに非常に違和感を覚えます。このように当日の作業予定を完遂できない社員にかぎって、「目標管理制度」の目標を達成しているのは腑に落ちません。

　読者のなかには、「個人目標が達成していればいいのではないですか？」と思われる方も多いでしょうが、果たしてそれは正しいのでしょうか？

　本章 **3** では、「目標管理制度」と"到達点を決めさせる"は、異なると説明しました。

　「目標管理制度」では、通常、日々の作業プロセスについてまで計画しませんので、日々の到達点に達しないことも多く、逆に個人目標は達成するということが起こります。しかし、これでは、「結果さえよければ良い」ということになり、この点が「目標管理制度」の限界点なのかもしれません。

　本来個人目標の達成とは、日々の作業の積み重ねであるはずですが、リンクしていないのが実態です。もちろん、「目標管理制度」と日々

の作業計画をリンクさせる手法もありますが、「目標管理制度」を導入させる人たちが、「プロセス管理の重要性」や「プロセスアプローチ」を理解していないため、このような矛盾が発生するのです。

達すべき日々の成果、週次の成果および月次の成果をあらかじめ明言させたうえで、その明言どおりに完遂できたのであれば、高評価を与えなくてはなりません。反対に、次のような場合は厳しい評価を下す必要があります。

・成果を明言しない

・明言した成果が完遂できない

第2章 **9** では、「良い部下」の要素として「有言実行」をあげました。

ビジネスのうえでは「不言実行」は問題であり、必ず「有言実行」で計画を明確にさせ、PDCAを回させなくてはなりません。

「働きながら族」にかぎらず、すべての社員が日々、週次および月次の成果を有言実行し、その達成に責任を持つという組織風土を構築することにより、強い組織が生まれるのです。

そして、社員が成果を明言しない場合、明言した成果を完遂できない場合には、その原因を明確にするとともに厳しい評価を下す仕組みが必要です。

このことは、日々、週次および月次の成果を完遂することができる「働きながら族」に対して必然的に高評価を与えることになります。

"成果の完遂"に与える高評価であれば、「働きながら族」を特別扱いすることになりませんし、ほかの社員に対する模範として組織風土改善のネタとなるでしょう。

6 対策④ 「働きながら族」とその他社員との処遇の区分け

　わが国の組織・企業には"定時退社に対するアレルギー"という問題ある風潮があるということは説明済みですが、「働きながら族」の定時退社の問題以外に、「働きながら族」と「その他の社員」に、

- ・持っている能力
- ・発揮した能力
- ・達成した成果
- ・業務に取り組む姿勢　など

客観的な差があるのであれば、給与体系や昇級・昇格の処遇を区分けしても構わないでしょう（「働きながら族」の処遇を「その他の社員」より低くする）。

　逆にこれらに客観的な差が見られない場合の処遇の区分けは困難ということになりますが、「働きながら族」のなかには、かえって同一の処遇では働きにくいと感じている人もいますので、その場合は、処遇の区分けを検討することも一つの施策です。

　ただ、このような処遇の区分けが必要なこと自体が、組織の抱える問題といえるでしょう。

　また、「働きながら族」が、持っている能力を十分に発揮して、明確な成果を達成したのであれば、社員の手本としてなんらかのインセンティブを与えるべきです。

7 対策⑤ 「隠れ働きながら族」が安心して会社に事情を伝えられる仕組みの構築

　「働きながら族」のなかには「隠れ働きながら族」が存在していることは第1章 6 で説明しましたが、再度考えてみます。

　「働きながら族」であることを隠し切れないのであれば別ですが、隠せるのであれば、あえて会社に対して、自分の状況を話さずにいる社員もいると思われます。なぜそのようなことが起きるのでしょうか？　そのほとんどの理由としては、

**　組織・会社のなかで自分の立ち位置が不利になるからです。**

　本来、処遇の区分けがないかぎり、「働きながら族」を不利益に扱うことは慎むべきですが、なかなかそうはいかないのが現状です。

　123頁の「働きながら族」の代表例をとり、考えてみましょう。家事や子育てについて隠すことは難しいと思いますが、会社から家事や子育てにより就労に支障を来すと判断されるのでは、と不安に思う人もいるでしょう。

　抱えている障害についても隠すことは難しいのですが、障害を抱えながら働いている「働きながら族」は、頑張ってしまう傾向にあるようです。一般的に障害を抱えていることは健常者よりも業務遂行上不利と思われがちなため、それを克服するために頑張ってしまうのです。そのため身体の状態を伝えられないこともあるようです。また、抱えている障害自体を会社に伝えていない場合もあるのです。理由としてはさまざまな処遇に響くと感じているからです。

　勉強している「働きながら族」については、自身が勉強していることを会社に伝えるか否かは微妙な側面があります。私の場合は、

自分にプレッシャーをかけるためにあえて資格試験に挑戦していることを会社に公言していましたが、人それぞれです。また、「働きながら族」に対しては、会社から同情される場合もあるのですが、勉強していることに対しての同情は皆無といっても良いでしょう。ほかの社員からすると、「好きで勉強しているのでしょ」という意見です。このことからも会社への公言を控える場合があるのでしょう。

　介護をしている場合、現実には会社に隠すことは難しい場合が多いでしょうが、むしろ隠すべきではないと思います。確かに介護疲れによる業務への影響の可能性もあり、会社から受ける処遇を想像すると伝えたくないという気持ちもわかりますが、「介護には終わりがある」と希望を持ったうえで、自身が勤める会社に伝えるべきでしょう。

　持病を治療している場合も、隠せることなら会社に隠しておきたい気持ちは理解できますが、このことも本来伝えるべきだと思います。

　以上、「働きながら族」は、

・子育ては大変なことであり、頑張っているのです。

・障害を抱えても前向きに働いていることは立派です。

・仕事をしたうえで勉強していることも立派です。

・介護をしながら働くことはなんと大変なことでしょうか。

・持病の治療をしながら頑張って働いているのです。

なぜ、このような称えられるべきことを隠さなくてはならないのですか？

　本当にこのようなことを隠した方が良い企業であれば、それこそがブラック企業です。

　正しいことを行い、頑張っていること、立派なこと、大変なこと……。これらにはまったく後ろめたいことなど一つもありません。しかしなぜ、「隠す」という選択肢がついてまわるのでしょうか？

　私は、「隠れ働きながら族」が存在しえない組織の構築を強く望みます。そして、「働きながら族」が企業、上司、同僚および部下に対して負い目を感じない組織風土の構築を望みます。

　「働きながら族」で、「成果さえ出していれば文句はないでしょ」という考え方で開き直れる人はごくわずかです。企業で一緒に働いている上司・同僚・部下に対して、いつも「悪いなぁ」と感じている人が多いのです。

　私自身が「働きながら族」であったことは説明しましたが、実は勤務先には一言も伝えていませんでした。

　私は「働きながら族」といっても

　・母の通院

　・買い物や食事の準備の一部

　・自分自身の勉強

という、もの凄く大変な"ながら族"ではなかったのですが、それでも自分自身の勉強以外については、勤務先に伝えづらいものがありました。

　また、その当時の私は、1か月の労働時間が400時間を超えた時期もあり、有給休暇も取れず、無欠勤で働いていました。いま思うと、なぜそこまでストイックに働いていたのか疑問にさえ思いますが、その当時はそれが普通であり、少しでも仕事の障害になるようなことを勤務先に伝えることを躊躇せざるを得ませんでした。

　ですから、いま頑張っている「働きながら族」が、堂々と"ながら族"を実践できるようにすることが社会貢献となることを企業にも理解してほしいのです。

8　対策⑥　なにがなんでも決めたことはやり遂げる組織風土の構築

成果の完遂についてはすでに説明しましたが、

なにがなんでも決めたことはやり遂げる組織風土の構築

を実現してください。

この組織風土が構築できれば、

・管理職が育つ

・社員が育つ

・会社が育つ

ことは間違いありません。

あなたの組織・会社は

できないことに慣れきっていませんか？

「できない」には、必ず原因があります。

その原因を追究したうえで取り除かなくてはなりません。

また、「できる」を積み重ねていかなくてはなりません。

この、"「できる」の積み重ね"に「働きながら族」の行動が非常に参考になります。

「働きながら族」である彼ら・彼女らはどのように到達点に達しているのか。彼らは、「たまたまできた」ではなく、「計画のもとにできる」のです。この考え方・行動をほかの社員も見習うべきです。

9 対策⑦ 生産性向上に取り組む

残業時間削減のための小手先の対策は意味がないことを何度も説明していますが、意味がある対策の大ネタとして、

生産性向上があります。

"生産性向上"と聞いて、製造業で品質管理などに携わっていた人は具体的なイメージが湧くと思いますが、それ以外のほとんどの人で、これを聞いても正確に理解している人は少数派だと思われます。

生産性向上については、あえてここでは割愛しますが、生産性向上の施策として私が提唱しています「プロセスリストラ」について少しだけ触れておきます。

プロセスリストラの定義は次のとおりです。

・起きてしまった問題を解決するため（現状を改善するため）に問題発生源が含まれている一連のプロセスを明確にし、問題発生源のプロセスを特定し再構築すること。

・目的を達成するためには、どのような一連のプロセスが必要なのかをあらかじめ明確にし、目的達成の鍵となるプロセスの改善や修正を意識して最良の成果を出すこと。

生産性向上に注視して、「プロセスリストラ」を定義すると、

「生産性の悪い（と思われる）プロセスを再構築すること」

となります。

「プロセスリストラ」には、14種類あります。

---

①そのプロセスを止められないのか（断れないのか）
②そのプロセスの前後に追加するプロセスはないのか
③そのプロセスを人手作業から機械作業に変えられないのか（逆も）
④そのプロセスの種類を変えられないのか
⑤そのプロセスを外注に出せないのか（逆も）
⑥そのプロセスを担当している要員の力量を上げられないのか
⑦そのプロセスを担当している機械・設備の能力を上げられないのか
⑧そのプロセスの処理方法を変えられないのか（処理順番を含む）
⑨そのプロセスと他のプロセスをまとめられないのか（分割を含む）
⑩そのプロセスと並行してできることはないのか（直列も）
⑪そのプロセスの処理時間は適正か（少なすぎる、または、多すぎる）
⑫そのプロセスのアウトプットの基準が高すぎないか（低すぎないか）
⑬直前のプロセスに問題がないか（インプットに問題がないか）
⑭そのプロセスの担当者を変えられないのか

　この14種類以外にも考えられますので、あくまで大まかな括りとしてとらえ、特にこの14種類に縛られることなく概念を活用してください。また、“リストラ”とは“再構築”のことです。上記のなかには再構築とはいえない内容も含まれていますが、「システムリストラ」という意味も込めて加えてあります。

　「プロセスリストラ」について、一つひとつの説明は控えますが、詳細は拙著『「プロセスリストラ」を活用した真の残業削減・生産性向上・人材育成　実践の手法』（日本法令）に譲ります。

　本節のテーマである“生産性向上に取り組む”ということは、現状の生産性が低いなどの問題があるということです。

　組織・企業によっては、自社の生産性の低さに気づいていない場合もあると思いますが、「働きながら族」の成果の出し方に着目して、

自社の生産性の低さに気づいてください。

そして、生産性向上を目指す場合、前述の「プロセスリストラ」の14種類を参考に取り組んでほしいのです。

生産性向上に取り組む場合、必ずデータ取りをお願いします。

その際、第2章 **6** で説明した「効率」、「稼働率」、「業務処理量」のデータを生産性向上に取り組む前と後（ビフォー＆アフター）で明確にするのです。「効率」、「稼働率」、「業務処理量」について再掲します。

・効率：頭、手、足、口、目、耳、鼻をどれくらい稼働させているのかの率
効率＝標準処理時間÷実作業時間×100
（10分で作業できることを12分で作業した場合の効率＝83％）

・稼働率：所定労働時間のなかで実際に作業に費やした時間
稼働率＝実稼働時間÷所定労働時間×100
（所定労働時間＝8時間、実稼働時間＝5時間の稼働率＝62.5％）

・業務処理量：通常の力量保有者が処理すべき業務量のうち、実際に処理した業務量
業務処理量＝効率×稼働率
（前述の効率と稼働率の場合の業務処理量＝83％×62.5％＝52％）

生産性向上とはごく簡単に説明すると、

同一時間内での業務処理量を増やす

ということにほかなりません。

結果は前述のように明確なのですが、そのためのプロセスが複雑なこともあり、かけ声だけの生産性向上に終始してしまうようです。

10　対策⑧　ムダな労働時間・残業時間の削減・撲滅

「働きながら族」が活躍するための組織づくりの本丸として、

根本的にムダな労働時間・残業時間の削減・撲滅があります。

　多くの組織に蔓延している「定時退社に対するアレルギー」も、「働きながら族」や一部の社員が定時退社するから目立つのであり、組織内の多くの社員が定時退社しているのであれば、アレルギーも起こりようがありません。

　ここで一つ明確にしておきたいことは、そもそも

残業時間の発生は異常なことであるということです。

　あなたの組織・会社では、残業発生が常態化していませんか？

　正社員一人あたりが週40時間、年間2,085時間労働を提供することにより適正な利益を出せる組織こそが優良企業といえるのではないでしょうか？

　いくら利益をたくさん出している企業であっても、正社員一人あたりに年間3,100時間労働させているのであれば、ビジネスモデルとして無理があるということです。さらに残業手当を支払っていないのであれば、存在価値があるのか疑わしい企業なのかもしれません。ましてや残業をしているにもかかわらず、申告させていなかったり、過少申告させているのであれば、立派な「ブラック企業」といえるでしょう。

　残業手当を支払っていない企業で「定時退社に対するアレルギー」を起こしているなら、もう呆れてしまいます。残業代を払っていな

いにもかかわらず定時退社する社員を責めるとは……。

　本書で何度も説明していますように、「働きながら族」を苦しめているのは、

定時退社に対するアレルギー　です。

　そして、そのアレルギーに有効なのが、

ムダな労働時間・残業時間の削減・撲滅　です。

　では、小手先の残業削減対策である

　　・残業の許可制

　　・午後○時に強制消灯

　　・ノー残業デーの設定　　など

に頼らず、根本的な仕組みとして、ムダな労働時間・残業時間の削減・撲滅を実現するにはどうすれば良いのでしょうか？

　私が小手先ではない根本的な時短実現のための指導を受託した場合の手法を2つ紹介しておきます。

　①時短マネジメントシステム

　②簡易的な時短手法

①時短マネジメントシステム

　「時短マネジメントシステム」とは、私がスウェーデンをはじめとする北欧諸国に4回ほどマネジメントシステムの調査に行った際、北欧の労働事情を目の当たりにして、ある仕組みを参考に自ら策定したものです。

　この「時短マネジメントシステム」は、ステージ0、ステージ1およびステージ2の3つのステージで取り組む仕組みです。以下、概要を示しますが、詳細は拙著もしくは私が運営しているサイト（ロー

ドージカンドットコム：http://rodojikan.com）をご覧ください。

ステージ0：
　1　社長による長時間労働削減宣言
　2　プロジェクトチームの結成
　3　プロジェクトメンバーへの事前教育、プロジェクトリスクの
　　あぶり出しアンケート実施
　4　現状把握（過去1、2年のデータ分析）
　　　・平均残業時間、最高残業時間〔月ごと、人ごと〕
　　　・相関、ヒストグラム等を活用してのデータ分析
　5　日常の運用管理策決定
　6　全社員に向けての「時短マネジメントシステム」取組み宣言

ステージ1：
　7　ムダな労働時間発生のあぶり出し
　8　根本的に作業時間を改善する手法決定、プロセスリストラ
　　策の決定
　9　長期目標、短期目標および実施計画の策定
　10　策定した実施計画と運用管理策の実施
　11　残業時間、労働時間の監視、測定および検証
　12　情報共有・運用情報の開示
　13　効果があった取組みの標準化
　14　社内発表（成果発表）

ステージ2：
　15　業務処理プロセスの明確化と標準処理時間の設定
　16　ムダな労働時間のリスクアセスメント
　17　ムダを根本的に改善するプロセスリストラ策の手法決定
　18　長期目標、短期目標および実施計画の改定
　19　改定した実施計画の運用
　20　情報共有・運用情報の開示
　21　残業時間・労働時間の監視、測定および検証
　　　・効率、稼働率

> ・のそり状態、蒸発状態、妨害時間
> ・業務処理量、作業品質
> 22　効果があった取組みの標準化
> 23　不適合処置、是正処置
> 24　内部監査
> 25　マネジメントレビュー
> 26　組織内に成果発表
> 27　継続的改善
> 28　取組みリスク、取組機会を監視し継続的改善

　以上を１年から２年かけて取り組んでいきます。"１年から２年"と聞くと長いように感じますが、ムダな労働時間・残業時間を発生させない組織づくりを実現しますので、かえって近道となります。
　さすがに、最長２年は費やせないし、もう少し簡単に成果を出したいと考える組織については、次の「簡易的な時短手法」をお勧めしています。

②簡易的な時短手法

　「時短マネジメントシステム」よりも簡易的に時短という成果を獲得するために策定した手法です。主な内容は以下のとおりです。

> 1　時短実現のための基礎教育
> 2　労働時間・残業時間等の現状把握
> 3　「自己申告書」による時短の可能性、アイデア収集
> 4　「自己申告書」に記載された時短ネタの分類
> 5　「自己申告書」の時短ネタを参考に、それ以外の意見集約
> 6　組織のキーマンによる時短奨励活動
> 7　時短活動を「他人ごと」ではなく「自分ごと」にする

　8　時短ネタの実施計画策定
　9　時短ネタの実施および進捗管理
　10　経営判断による時短ネタの策定・実施
　11　プロセスリストラ策の検討
　12　時短ネタ実施後の効果の確認、是正および改善
　13　効果が出た取組みの標準化

　以上の取組みを半年ほどかけて実施します。

　組織・企業で時短活動を推進するうえで、マネジメントシステムおよび時短の専門家として私から注意点を1つあげておきます。

　通常、組織・企業がプロジェクトに取り組む場合、多少の反対意見が出るものですが、時短プロジェクトについての反対意見は表面上はまず出ないでしょう。

　なぜ、"表面上"は反対意見が出ないのでしょうか?

　時短とは、ムダな労働時間やムダな残業時間を削減する取組みです。これはだれから見ても正しい取組みであり、国も大いにバックアップしているものです。ですから、

表面上はだれも反対できないのです!

　しかし、よく考えてみてください。
　残業時間が減って困る社員はいませんか?
　質問の文言がおかしいですね。少し変えます。

残業手当が減って困る社員はいませんか?

　そうです。残業時間が減った結果、残業手当も削減され、手取りの給与が減ってしまうのです。いままで月30時間の残業をこなしており、残業手当時間給が1,800円の場合、月の残業時間がゼロになると毎月54,000円の収入減になってしまいます。いままで当然のよ

うに残業手当として毎月54,000円を手にしていたのであれば、その残業手当の支給を当然のこととして生活設計しており、いわゆる残業手当が生活給になっている可能性が高いのです。

前述のように時短活動は、ムダな労働時間やムダな残業時間を削減するだれから見ても正しい取組みですから、表面上は反対できない。しかし、残業手当がなくなると困る。そこで、水面下で時短活動に対する妨害活動を行う社員が出てくる可能性があるのです。

これらの妨害活動は表面化しないことも多く、その是正は非常に厄介な取組みとなります。

「時短マネジメントシステム」では、この妨害についてあらかじめ「プロジェクトリスク」として想定しておき、対応策も策定しておくことができるので、妨害活動自体を重要視していませんが、「残業手当を減らしたくないので、残業時間が削減されては困る」という考え方が、

「働きながら族」の最大の敵となり得るのです。

残業手当が減らされては困る社員は、当然のことながら進んで残業をこなします。場合によっては、残業するために所定労働時間である9時から18時は、「ムダなおしゃべり」、「喫煙、長いトイレ」などの「働きながら族」とは対極の行動をしていますから、「働きながら族」に対して敵意さえ抱きます。

本来、このような社員こそ、不良社員であり非難される対象なのですが、問題のある、お気楽な組織・企業では、「働きながら族」こそが、定時でさっさと退社する自分さえよければいい、ドライな社員という評価が下されるのです。まったくもって理不尽です。

11　対策⑨　「ブラック社員」対策

　「働きながら族」にいかんなく能力を発揮していただくための組織・企業づくりに欠かせないのは「ブラック社員」対策です。

　前節の「働きながら族」に敵意を抱く、残業手当を削減されては困る社員も考え方次第では立派な「ブラック社員」といえます。

　本節では、"「ブラック社員」対策"となっていますが、「ブラック社員」が生まれにくい組織風土の構築が一番有効だと思います。

　このことは、第3章 **2** で、

「ブラック社員の対処には『働きながら族』が効くのです！」

と書きましたが、別の見方をすると、

「ブラック社員」と「働きながら族」は相反する

ということでもあります。

　組織・企業のCSR度数の指標の1つとして、

全社員のなかで「働きながら族」の占める割合

を参考にすべきだと思います。

　「働きながら族」を積極的に採用・活用していくことで、CSR度数が深まり、その結果、「ブラック社員」がいづらくなる組織風土が醸成され、スパイラルアップの結果、「働きながら族」が働きやすい組織風土が構築されるのです。

12 対策⑩ 「働きながら族」の活用度を管理職の評価項目に入れる

　管理職に強く認識してほしいことは、本書でも再三説明してきたとおり、「定時退社に対するアレルギー」をなくしてほしいということです。もう少し補足しますと、

決められた時間内に成果を出し
定時退社することはとても素晴らしい

ということを強く認識してください。
　反対に、

残業しなくては業務が処理できないことは恥ずかしい

ということも認識してください。
　社長をはじめとする経営層がこうした認識を持ち、組織風土を構築しなくては、管理職にいきなり「○○のように認識してください」と要請したところで、管理職自身も迷うことでしょう。
　そこでお勧めしたいことは、人事評価制度の評価項目に「働きながら族」の活用度を加えることです。
　「えっ？ 『働きながら族』の活用度といっても、部下に『働きながら族』がいないかもしれないし、どのように活用するのかの要素も基準も難しい気がするのですが」との意見が聞こえてきそうですが、まさにそのとおりです！　では、どうするのか？
　「働きながら族」の活用度を評価するのではなく、「働きながら族」がいかんなく能力を発揮できる組織であるかを評価するのです！
　もうおわかりですね。

　<u>管理職として、本書に書いてある内容を反映した、「働きながら族」</u>
<u>が活躍できる組織づくりをしていくのです。</u>

　では、「働きながら族」が活躍するための組織（「働きながら族」
がいかんなく能力を発揮できる組織）とはどのようなものか、おさ
らいを含めてまとめてみましょう。ちなみに本章 **2** では“「働き
ながら族」が活躍するための対策とは”について箇条書きに記載し
ましたが、本節では、「働きながら族」が活躍するための組織とは
どのような組織なのかについて明確にします。

【働きながら族が活躍するための組織】
①「仕事をやり遂げる責任ある『働きながら族』」を育成する
　（「仕事を投げ出してしまう無責任な『働きながら族』」の排除）
②非生産的でムダな行為がない組織をつくる
③日々、週次、月次の仕事の到達点を決める仕組みを機能させる
④仕事の到達点に達しなかった場合に原因追究できる組織にする
⑤達成が困難と思われる成果完遂の要因を明確にする組織にする
⑥仕事の到達点に達した社員に高評価を与える制度を導入する
⑦「働きながら族」と「その他社員」の処遇をあえて同一にしない
⑧「隠れ働きながら族」が発生しない部署をつくる
⑨決めたことをやり遂げるチーム（部署）をつくる
⑩常に生産性向上に取り組む部署をつくる
⑪ムダな労働時間・残業時間をいかに減らしていく
⑫「ブラック社員」が生まれにくい部署環境とする

---

①「仕事をやり遂げる責任ある『働きながら族』」を育成する

　残念ながらかぎられた時間内で成果が出せない「働きながら族」
も存在しています。さらに酷な表現をすると、所定就労時間に社内
にいればいいとばかりに成果を出そうとも思っていない「働きなが
ら族」も存在しています。

このような「無責任な働きながら族」の存在に、「責任ある働きながら族」は非常に迷惑をしています。また、少数の「無責任な働きながら族」を雇用した経験や部下にした経験から、「働くことに制約があり大変なことは理解できるが何様のつもりだ！」といったイメージが「働きながら族」全体に対して植えつけられてしまうおそれもあります。

管理職としては、働くことになんらかの制約がある「働きながら族」であっても、ほかの社員同様、義務を果たさなくてはならないことを「働きながら族」には明確に理解してもらわなくてはなりません。

この"理解"さえできれば、「責任ある働きながら族」として活躍してもらえる可能性が非常に高まります。ただ、「働きながら族」からも、ダラダラとムダな残業のために会社に居残り、残業手当を得ている人に対して不満が出るかもしれませんので、その悪しき慣習の修正も同時にしていかなくてはなりません。

「働きながら族」が部署内に存在している場合、模範となる「働きながら族」の育成についても評価項目とすべきでしょう。

②非生産的でムダな行為がない組織をつくる

非生産的でムダな行為例を再掲します。

- ・おしゃべりに興じる
- ・ゆっくりお茶を飲む
- ・喫煙しに行く
- ・長いトイレ
- ・ムダなスマホいじり

これらの行為をすべてやめさせたり、禁止することは難しいかもしれませんが、「ムダである！」ということを組織内に認識させるべきです。

サンプリングで構わないので、一度、これらのムダな行為を一日にどれくらいの時間をかけて行っているのかをモニタリングしてみると、恐ろしい結果が出てきます。例えば、ある一日では、

・おしゃべりに興じる：540秒（3分を3回）
・ゆっくりお茶を飲む：180秒（1分を3回）
・喫煙しに行く：1,500秒（5分を5本）
・長いトイレ：1,260秒（7分を3回）
・ムダなスマホいじり：300秒（1分を5回）　合計：3,780秒
仮に　・月給：250,000円
　　　・所定労働時間：177時間（月）　秒にすると637,200秒
250,000円÷637,200秒＝0.39円……1秒あたりの給与（秒給）
3,780秒×0.39円＝1,474円……1日のムダな行動に支払う給与

なんと、一日当たり、このムダな行動に1,474円も支払っているのです。一年（240日）だと353,760円も支払っているということで、これでは一人当たり約35万円を捨てているのと同じです。

このような非生産的でムダな行為のない組織ではなく、生産性の高い組織づくりが管理職には求められているのであり、評価されるべきです。

私は管理職ですが、前述のように非生産的でムダな行為のない組織づくりなど求められたことがないですって？　その場合には、前述の計算例を会社に提示してみてください。この計算例を見てなにも感じない組織こそ問題かもしれません。

③日々、週次、月次の仕事の到達点を決める仕組みを機能させる

これは、その日一日の就労終了時、週末、月末にどのような作業をどこまで済ませておくのかを明確にしておくことでした。

　ここでのポイントは、必ず前日までに“その日の就労終了時”の仕事の到達点を計画させ（決めさせ）、上司の承認を得ることでした。

　この“上司の承認”というフィルターがない場合、計画自体に問題があり（甘すぎる、厳しすぎるなど）、仕組みが機能しないことが想定されますので。

　大切なことは、日ごとの小さなPDCAを回すことであり、部署の管理者として小さなPDCAを回していることを評価対象とすべきでしょう。

④仕事の到達点に達しなかった場合に原因追究できる組織にする

　「やるぞ！」と決めた仕事の到達点に達しなかったのであれば、それは非常に問題であるという組織風土にしましょう。

　「できないことに慣れきっている組織」は、その組織の長に問題があるのです。

　仕事を直接担当する社員本人が決定し、その上司が承認した到達点に達しなかった場合、「なぜ、達しなかったのか？」の原因を明確にすることはとても重要であり、“達しなかった”という問題の再発を防止するうえで必要不可欠です。

　なにか問題が発生した場合、組織としては原因追究の姿勢を当然のことにしましょう。原因を追究し、取り除かないかぎり再発の可能性が非常に高いことを理解してください。

　部署として、この原因追究が機能していることを評価対象とすべきです。

⑤達成が困難と思われる成果完遂の要因を明確にする組織にする

　問題の再発防止のために、問題発生の原因追究を行うことは理解していても、成功の要因を明確にしている組織は少ないのかもしれ

ません。こうしたことは外部の評論家が得意であり、後づけした理由をさも始めから予測していたように述べる場合があります。

　私がお願いしたいのは、このような外部の評論家的な成功要因の後づけではなく、組織内部において真の成功要因を明確にしたうえで、成功の再現性を担保できる部署を運営できているのかを管理職の評価項目にすべきだと思います。

　「なぜ、この取組みは成功したのか？」と成功の要因を明確にすることで再現性はもちろん、成功の標準化が可能となるのですから。

⑥仕事の到達点に達した社員に高評価を与える制度の導入

　「働きながら族」にかぎらず、すべての社員に対して、あらかじめ計画した仕事の到達点に達した社員には高評価を与える制度を導入すべきです。一般的には「人事評価制度」のなかでこのような項目を設定することになります。

　この評価制度は、「目標管理制度」とは異なりますので、混同しないようにしてください。

⑦「働きながら族」と「その他社員」の処遇をあえて同一にしない

　本書の趣旨と逆行するかもしれませんが、古い体質の組織風土の修正が効かない場合（定時退社のアレルギーや長時間労働を奨励する組織風土）、あえて「その他社員」の処遇よりも「働きながら族」の処遇を低くする方が、かえって「働きながら族」にとっては、割り切って働きやすい場合があります。

　このような組織風土自体が問題であり、「働きながら族」の恒久的な活躍を促すためには、この施策は賛成しかねますが、古い体質の組織風土を簡単に変えられない現実をふまえた応急処置としては検討に値します。

　ただし、この施策は労働関係法令から逸脱しないことを確認したうえで実施する必要があることをつけ加えておきます。

　このような内容を管理職の評価項目とすることは少々妥当性を欠くかもしれませんが、処遇の異なる「働きながら族」と「その他社員」を上手く使い分け、スムーズに部署を運営していることを評価項目とすることは必要でしょう。

⑧「隠れ働きながら族」が発生しない部署をつくる

　本章 **7** で「働きながら族」を公言できない大きな理由として、"組織・会社のなかで自分の立ち位置が不利になるから"をあげましたが、そのような組織風土が問題なのです。

　部署の管理者としては、「隠れ働きながら族」が発生してしまう原因を洗い出し、一つひとつ潰していくべきなのです。その部署としての成熟度を管理職の評価項目に入れるべきでしょう。

⑨決めたことをやり遂げるチーム（部署）をつくる

　「働きながら族」とは、仕事の到達点を完遂する人たちのことです。

　このことを部署全体の「決めごと」にすべきなのです。

　ただ、これを実践するのが一番難しい立場こそ、その部署の長なのです。

　部長さん、課長さん、次の内容に身に覚えはないですか？

　　・資料作成を部下に依頼したがそのまま放置

　　・提出させた資料やデータをそのまま放置

　　・思いつきで指示したことをそのまま放置

　そうです。上司の一番多い問題行動が、

やりっぱなし、させっぱなしなのです。

このような部署長がいる部署（組織）では、決めたことをやり遂げることは非常に難しいでしょう。このような部署であっても成果目標が達成している場合がありますが、それは、「たまたま達成した」だけであり、「適切なプロセス管理のもと、達成する」ということではありません。

管理職が管理している部署が「適切なプロセス管理のもと、決めたことをやり遂げることができる部署か？」を評価項目に入れるべきでしょう。

⑩常に生産性向上に取り組む部署をつくる

非生産的でムダな行為の排除については"②"で説明しましたが、ここでは、仕事を常に効率化できないのかということを追究する部署づくりについて評価すべきです。

このような部署づくりについてわかりやすく説明するためにプロセスと成果に分けて考えてみましょう。

・生産性向上に取り組むプロセス：
生産性向上を実現するための仕組みがあるのか。例えば、改善提案制度、作業効率化提案ミーティングなど

・生産性向上につながる成果：
ある特定の作業の処理時間は、３年前より改善されているか。

管理職の評価内容として、生産性向上実現のためのプロセスの存在、そして、その成果がどうなのかを評価項目とすべきでしょう。

実は人は変化を嫌います。新しいことに取り組むのは面倒くさいのです。「このままで良い」のです。ただ、これでは組織はいつまでたっても良くはなりません。

常に問題意識や改善意識を持ち、部署（組織）を良くしていくた

めに取り組み、そのなかから成果を出していくことができるような部署（組織）づくりが必要なのです。

⑪ムダな労働時間・残業時間をいかに減らしていくか

「働きながら族」を活用するためには、根本的にムダな労働時間・残業時間の削減・撲滅が必要であることを本章 **10** で説明しましたが、このことは、「働きながら族」の活用以前の問題として、組織・企業は必ず解決すべきことです。

Ⅰ　部署長自らがムダな労働時間・残業時間をなくすことを誓う
Ⅱ　残業発生の言い訳をさせないためのデータを揃える
Ⅲ　小手先の対策でなく、根本的な対策を施していく

"Ⅰ"については、部署長自らのコミットメントですね。この際の注意点は、上辺だけ、形だけだと部下に思わせないことです。どこまで本気を伝えられるのかが重要です。

"Ⅱ"については、残業時間などのデータを揃えるのです。この際、必ず必要なデータは、原単位で明確にすることです。原単位とは、一定量の製品を生産するために必要な原料や燃料の量を表しますが、残業時間などのデータでは「売上げに対しての労働時間」、「○○の業務処理に対しての労働時間」などを表します。よく残業が多い原因として、「忙しかった」、「売上げが多かった」などの理由を聞きますが、原単位で表してみるとたいした数値ではない場合や、まったく因果関係がないこともあります。ようするに、原単位のデータはゴマカシが効かないのです。

"Ⅲ"については、本章 **10** で私が策定した時短手法である
①時短マネジメントシステム

　②簡易的な時短手法

についての説明を参考にしてください。

　管理職の評価項目としては、原単位で残業時間などが削減されて
いるか（削減傾向にあるか）を評価すべきです。ましてや残業手当
を適切に残業時間で支払っている組織・企業であれば、残業時間の
削減はダイレクトに経費削減につながります。

⑫「ブラック社員」が生まれにくい部署環境か

　「働きながら族」がいかんなく能力を発揮できる部署環境は「ブラッ
ク社員」にとってとてもいづらいものです。

　「ブラック社員」は、組織・企業の不完全なことにつけ込んで増
えます。「ブラック社員」がつけ込んでくることを一つひとつ洗い
出してみてください。そのつけ込んでくる項目の改善状態を管理職
の評価項目にすべきでしょう。

　以上、管理職が、「働きながら族」がいかんなく能力を発揮でき
る組織づくりをしているのかの評価項目について説明しました。

13 対策⑪ 「働きながら族」の割合・活用度を検証し、改善につなげる

　私の専門はマネジメントシステムであり、既刊の著作もすべてマネジメントシステムがコア（核）になっています。

　本書はマネジメントシステムを主要テーマとしたものではありませんが、「働きながら族」に関する取組みについては当然PDCAを回さなくてはなりません。

　「働きながら族」が活躍する組織・企業をつくるためには、

> Ⅰ　組織のなかの「働きながら族」の現状を把握する
> Ⅱ　「働きながら族」が働きやすい職場環境実現に向けての計画立案をする
> Ⅲ　計画を実施・運用する
> Ⅳ　実施・運用がどのように行われたのかを検証する
> Ⅴ　検証の結果、改善すべきこと、是正すべきことを明確にする
> Ⅵ　改善すべきこと、是正すべきことを計画に反映する

というPDCAを回していくことになります。

　この組織づくりのPDCAを回していく際の注意点として、

　　・「働きながら族」を取り巻く社会情勢
　　・「働きながら族」自身の状況

を常に意識してほしいのです。

　「働きながら族」を取り巻く社会情勢は、時間の経過とともに変化していきますので現状に合った仕組みにすべきでしょう。

　また、「働きながら族」自身の状況についても、変化する可能性がありますので、そこに気を配る必要があるということです。

14 「働きながら族」を活用するには「他人を思いやる気持ち」が重要

　「働きながら族」がいかんなく能力を発揮できる組織・企業づくりに欠かせないことは、

「他人を思いやる気持ち」です。

　組織づくりには、理論的な視点や科学的データが重要ですが、なによりも重要なことは、この「他人を思いやる気持ち」だと思いませんか。

　人づき合いにしても、組織運営にしても、この「他人を思いやる気持ち」があればスムーズにいくことが多いのです。このような書き方をすると、一般の社員や組織には、「働きながら族」を思いやる気持ちが必要と思われる人も多いでしょう。それは間違いではありませんが、「働きながら族」にも、ほかの社員や組織を思いやる気持ちが重要なのです。

　どのような立場であっても、「他人を思いやる気持ち」さえ持っていれば、人づき合いや組織運営はスムーズにいくものと信じたいですね。

15 「働きながら族」を大切に扱えない企業の「顧客満足」

「顧客第一主義」や「顧客満足の追究」などの社訓や経営方針をよく見かけますが、社員満足がかなっていない企業で日本的な「顧客満足」※はありえないと思うのです。

企業は顧客満足云々の前に、社員を満足させるべきです。この場合の社員満足は、不満のない状態で構いません。

社員から企業に対する不満のなかには、社員のわがまま的な内容もありますが、法的な問題点、組織運営上の問題点などが含まれています。これらの問題点を積極的に解決していき、社員満足を高めていかなくてはなりません。

満足を高める順番としては、次の順位で実現を目指すべきです。

1位：社員満足
2位：「働きながら族」満足
3位：顧客満足

自社の社員から支持を受けていない企業の「顧客満足」などは、ありうるのでしょうか？

また、社員満足以上に注意を払うべきは、社員からみた、会社や自社製品（サービス）への愛着度です。

自社製品を購入したくない社員には、愛社精神は芽生えず、社員満足も難しいでしょう。そのような組織において、顧客満足を追求すること自体いかがなものかと思います。

※　本書では"日本的な「顧客満足」"を、顧客からの満足度が高い状態と定義します。

16　「働きながら族ハラスメント」のない組織へ

　残念ながら「働きながら族」への嫌がらせ（もしくは嫌がらせと誤解を受ける行動）が存在します。

　すべてのことに原因があるのですから、「働きながら族」への嫌がらせにも原因があります。

　「働きながら族」への嫌がらせをなくすためには、本章で説明している一つひとつの施策を実施していけば良いのです。

　厚生労働省からは毎年「使用者による障害者虐待の状況等」が発表されており、内容はかなり辛いものとなっています。

　障害を持ちながら働いている人は「働きながら族」であり、このデータは「使用者による働きながら族への職場での虐待状況の一部」でもあると思います。

　「働きながら族」は障害者にかぎりませんが、「働きながら族」のなかでも一番の弱者といえる障害者に対して虐待が行われている組織・企業が、仮に「わが社は顧客満足を追求し……」と唱えているのであれば、それはもう呆れるばかりです。そのような組織・企業の製品やサービスの不買運動をしたいほどです！

　あなたの会社、組織もしくは部署でも構いませんので、過去３年間に退職した方の真の退職原因を探ってみてください（「働きながら族」にかぎらず、すべての退職者を対象に）。

　退職者が真の退職原因を伝えてくれるとはかぎりませんが、会社側には思い当たる節があるものです。このようにあくまで推測で構いませんので退職原因を考えてみてください。

　なんらかの嫌がらせ（ハラスメント）はなかったですか？

　嫌がらせ自体、絶対に防ぐべきですが、「働きながら族」への嫌がらせは比較的発生しやすいのです。なぜか？　それは、本書でこれまで説明してきた「働きながら族」への誤解があり、その誤解が上司や同僚からの嫌がらせの理由となってしまうのです。

　残念ながら、意地悪な人が存在することは否定できません。

　意地悪以外にもあまり褒められない行動というか、下品な行動をする方も案外多いものです。その一例として、

　・新入社員に対して組織の愚痴をいう

　・面接時に前勤務組織の愚痴をいう

などがあります。いっている本人からすれば悪気はないのかもしれませんが、心機一転入社してきた社員に「あなたの入った会社はダメなのよ」などと話したり、忙しい時間の合間を縫って面接している入社面接官に前職の愚痴を聞かせるような行動を“下品な振舞い”とするのはいい過ぎでしょうか？

　意地悪な人を含めて、このような人は「働きながら族」にとって、天敵となりやすいので、「働きながら族」が活躍する組織をつくるためにはなんらかの浄化作戦が必要でしょう。

　「働きながら族」が活躍できない組織・企業はこの先、生き延びていくことが難しい組織といえます。当たり前のことが当たり前にできないＣＳＲ上問題がある組織といえます。このような組織が一つでも減り、「働きながら族」がいかんなく能力を発揮できる組織・企業が増えていかなくてはなりません。

17 「働きながら族」だけで構成する組織の構築

　本書では「働きながら族」をいかに活用するかについて説明してきましたが、ここで一つ提案があります。

**　働く社員全員が「働きながら族」の部署（組織）をつくる。**

　これは、働く社員全員を、働くことになんらかの制約がある「働きながら族」で揃えた部署もしくは組織をつくるのです。

　例えば、営業部のなかに３つの課がある場合、第３営業課の課員全員を「働きながら族」にするのです。

　または、「働きながら族」だけで構成した組織を分社化して法人設立するのです。

　実際、後者の分社化して法人設立することは、社会保険、信用情報などが絡んでくるので組織によって難しい場合もありますが、前者の部署として機能させるのであれば、実現のハードルはかなり低いのではないでしょうか。

　そして、「働きながら族」だけで構成した部署の成果と、一般の部署の成果を比較するのです。この場合も、労働時間と成果を原単位で比較するとより明確なデータとなります。

　この“**「働きながら族」だけで構成した部署**”は、適切な管理を施せば驚くほどの成果をあげることができるでしょう。

　その“適切な管理”とは、本章で説明している内容です。

　そのなかでも「働きながら族」だけで構成した部署に最大限の効果を発揮する取組みは、ムダな労働時間・残業時間対策です。

　部署自体を構成している全社員が「働きながら族」なのですから、

ほかの対策である“対策④：「働きながら族」とその他社員との処遇の区分け”や“対策⑨：「ブラック社員」対策”などは、不要です。
反対に徹底活用してほしい取組みとして、

　　・対策①：日々、週次、月次の到達点を決めさせる
　　・対策②：成果が完遂できなかった場合の原因を追究する
　　・対策③：成果を完遂する「働きながら族」に対し高評価を与える
　　・対策⑥：なにがなんでも決めたことはやり遂げる組織風土の構築
　　・対策⑦：生産性向上に取り組む
　　・対策⑧：ムダな労働時間・残業時間の削減・撲滅

などがあります。

　この“「働きながら族」だけで構成した部署”を成功させることにより（高確率で成功しますが）、ほかの部署に対する見本となりえます。

　本来、「働きながら族」にできることが、働くことに制約がない一般社員でできないわけがありません。

　そのことを“「働きながら族」だけで構成した部署”を機能させることにより、身をもって理解させるのです。

　これこそが、

　「働きながら族」が組織全体を改善させるのです。

　別の見方をすると、

　「働きながら族」を活用した、根本的な組織改善施策

といえます。

　本書をお読みのあなたの会社でもぜひ挑戦してみてください。
　私でお手伝いできることがあれば、状況の許すかぎり積極的にかかわらせていただくことも可能です。

18　「働きながら族」が活躍する組織への助成金

　組織・企業が「働きながら族」を活用するために、本当に数多くの助成金があります。詳細は、厚生労働省のＨＰをご覧ください（「事業主の方のための雇用関係助成金」で検索してください）。

　この関係助成金がこれだけ充実しているということは、国をあげて「働きながら族」の雇用を推進していると私は理解しています。

　ただ、ここで一つ注意したいのは、助成金を受給する目的で「働きながら族」を活用しないでほしいということです。

　これは社会保険労務士でもある筆者の私見ですが、助成金とはそもそも受給要件に該当している場合もしくはプラスαの取組みで受給要件に該当する場合に申請するものであり、決して助成金を受給するためにどのようにすれば良いのか、というスタンスで申請すべきではないと思うのです。極端な場合には、「受給するために○○していることにしよう」などという不正についても耳にすることがあります。

　「働きながら族」を活用していこうとする非常に正しい取組みを行う組織・企業は品のある組織・企業であってください。

　人にも組織にも「品のない行い」が常態化している場合があります。

　「働きながら族」関連の助成金受給についても、不正とは無縁の適正な申請を行うようにしてください。

　なお、雇用関係助成金申請の具体的な手続きについては、社会保険労務士などに一度相談してみてはいかがでしょうか。

第5章

「働きながら族」の活用で組織を活性化しよう！

1 組織で「働きながら族」を推奨しよう

　"働くことに制約がある"と表現するとネガティブなイメージを持たれる人も多いと思いますが、「働きながら族」は前向きな人たちなのです。

　・困難な状況にありながらも前向きに行動している

　・ステップアップのために行動している

　確かに「働きながら族」を続けることは大変なことかもしれません。

　しかし、「気が張っている状態」は、決してマイナスにつながることではなく、良い方向に向かうプロセスだと思うのです。

　今後、「働きながら族」の種類は増えていくでしょう。働きながら取り組むこととして、ボランティア活動が考えられますが、ボランティア活動に従事しながら働くことも「働きながら族」といえるでしょう。

　ここで「働きながら族」を再定義してみましょう。私が考える「働きながら族」とは、

　・働きながら義務を遂行している人

　・仕事のステップアップのために行動している人

です。

　ですから、趣味に没頭している人などは「働きながら族」からの定義から外れますが、組織の考え方次第では、趣味に没頭している人でも「働きながら族」として扱うことに異論はありません。

　以前、関与先企業の人事制度構築を指導した際、その会社の専務から、「仕事だけではなく個人的なことで良いのでなんらかの目的を持って活動している人材を評価したい」との要望を受け、人事制

度に組み入れたことがあります。この場合、趣味も含まれていたので、その企業では趣味を楽しんでいる社員も「働きながら族」に含めても問題ないでしょう。

「働きながら族」の存在および活動が組織の改善・活性化につながるのであれば、既存の一般社員に対して、組織は「働きながら族」になることを勧めてはいかがでしょうか。

無理やり「働きながら族」になることを勧める必要はないのですが、まずは組織として、「働きながら族」を否定していないことを打ち出し、その次に会社の方針として次の2つを明確にするのです。

- ・積極的に「働きながら族」を雇用していくこと
- ・「働きながら族」になることを推奨

組織として「働きながら族」を推奨するということは、同時に第4章で説明した"**「働きながら族」が活躍するための組織のつくり方**"を実践していかなくてはなりません。

部署（組織）の社員のうち、「働きながら族」の割合が増えていくと、不思議に

- ・**生産性が向上する**
- ・**ムダな労働時間・残業時間が削減される**
- ・**成果を完遂する組織になる**

が実現できるでしょう。

もし、これらの成果が得られないのであれば、必ず原因があります。

その原因を追究したうえで取り除くことができれば成果の実現は可能となります。

決して、安易に「働きながら族」の活用とばかりに言葉で踊らされるような取組みに終始せず、組織づくりを並行して進めてください。

このことこそ、私が本書でお伝えしたいことなのです。

2 職場を業務遂行の場だけにしないこと

　休憩時間などを含めて、1日約10時間を240日職場で過ごすとなると、8,760時間（24時間×365日）のうち4分の1強である2,400時間を職場で過ごすことになります（職場＝仕事を行う場所）。場合によっては半分以上を職場で過ごす人もいるでしょう（これはこれで問題です）。

　では、その職場は単なる業務遂行の場で良いのでしょうか？

　私は、「**職場＝帰る場所**」という側面があると思うのです。

　この考え方は欧米のライフスタイルや働き方とは乖離がありますが、わが国ではまだまだ職場は人生の重要な場所だと思います。

　「ワーク・ライフ・バランス」という言葉をよく耳にしますが、これは決して、「仕事をほどほどにして人生を楽しみなさい」という意味ではありません。

　私は、文字どおり「仕事」と「人生」をバランスよく保ち、「仕事」と「人生」の両方を充実させ、楽しむ意味だと理解しています。ですから、「ワーク・ライフ・バランス」を実現するためには、職場はその充実した仕事ぶりを披露する場だと思うのです。

　30年ほど前のことですが、プライベートで困難に直面した際、職場をとても懐かしく思い「僕には帰る場所（職場）があってよかった」と初めて思いました。その後、「職場＝帰る場所」という概念を思い浮かべる事態が何度かありました。いま思うと、その職場は労働関係法令の観点から見ても決して褒められる職場ではなかったのですが、自分自身、仕事を頑張っていましたのでそのように思えたのでしょう。

　家、家族なども、もちろん帰る場所ですが、職場も大切な「居場所」です。だからこそ、「職場＝帰る場所」なのではないでしょうか？

　職場を“帰る場所”とする場合、仕事を充実させなくてはなりません。仕事を充実させるためには、

　・ダラダラとムダな行為をする場所にしない

　・明確な成果を成し遂げ、自分の存在価値を提供する場所にする

必要があります。

　職場が、ダラダラとムダな行為をする場所ではなく、自分の存在価値を提供するための場所であれば、「会社に行きたくない」とは、決して思わないでしょう。

　「会社に行きたくない」と思う人は、「職場＝帰る場所」ではないのですが、なんとか、自分の存在価値を提供する場にしてほしいものです。このことは自分だけでは実現不可能なこともたくさんありますが、まずは、自らが行動してみてはいかがでしょうか。

　企業自身が「ブラック企業」と判断されないための取組みを行い、社員に仕事の充実を促す。これは組織繁栄のスパイラルアップにほかなりません。そのために活用する人材こそが「働きながら族」なのです。

　仕事が忙しすぎて、過労死や精神的疾患を罹患してしまっては元も子もありませんので、そのときこそ「ワーク・ライフ・バランス」を思い出して、

　・仕事の充実

　・プライベートの充実

を意識してください。

3　「働きながら族」の活用が根づいたとき、スゴイ組織になっています

　「働きながら族」がいかんなく能力を発揮できる組織・企業になったときは、組織・企業としてスゴイことになっています。どのようにスゴイのかというと……

- ・生産性が非常に高い筋肉質の組織・企業体質
- ・ムダな労働時間・残業時間が最小限に抑えられる組織・企業
- ・「他人を思いやる気持ち」が当然のように根づいた組織・企業体質
- ・「社員満足」を得られる組織・企業
- ・「顧客満足」が高い組織・企業

　以上は、「働きながら族」が活躍する組織になるためのプロセスでもありますが、プロセスとパフォーマンスのどちらが先でもかまいません。

　並行して取り組んでいけば良いのです。そして、これだけの組織・企業になるということは……

儲かる組織・企業 になるということ。

　これは本当のことです。

　今後の組織・企業運営では、「働きながら族」をいかに活用していくことができるのかが、組織・企業発展のカギとなります。

4　在宅勤務の「働きながら族」を活用したビジネスモデルはできないのか？

「働きながら族」にとって一番大変なことはなんでしょうか？
私が思う「働きながら族」にとっての大きな負担とは、

通勤です。

もう少し、踏み込んだ説明をしますと、

通勤しないで在宅就業がしたいということです。

「働きながら族」にとって、通勤はなんと苦痛なものでしょう。

・早起きして子供を保育園に預けてから乗る満員電車

・保育園に預ける子供と一緒に乗る満員電車

・身体が不自由な状況で乗車する満員電車

・車いすや補助具装着での通勤

また、通勤しなくても良いということは、

・子供の傍で仕事ができる

・治療が容易になる

・通勤時間が不要になる

などの利点があります。

　一般的に低賃金である内職（在宅就業）に人気がある理由は、通勤しないで自宅で仕事ができるからです。

　「働きながら族」にとって、在宅で仕事ができるということは非常にありがたいことです。

　この"在宅"をキーワードにして報酬を得る仕組みが今後増えていくと思われます。

　組織・企業だけにその役割を期待するのではなく、社会が「働きながら族」をいかに活用できるのかをテーマに、私自身も活動を始めています。

　その活動のなかには、

　・私が主宰する組織で実施すること

　・ほかの組織とのコラボレーション事業で実施すること

があります。

　その一つとして、子育て中で外出がままならない人に専門的知識を身につけてもらい、情報を共有化したうえで、その知識を活かして在宅で収入を得る仕組みを構築中です。

　それは決して、楽して儲けるという趣旨の仕組みではなく、前向きに努力を惜しまない在宅での「働きながら族」をバックアップするための仕組みです。

　ですから、対象の「働きながら族」には、それ相応の努力をしてもらいます。

　現在構築中ではありますが、なんとかこの在宅での「働きながら族」が収入を得ることができる仕組みを成功させたいと考えています。

　もし、当仕組みに興味を持たれた方は、ぜひご一報ください。

　読者の方々が本書の内容に興味を持たれ、

　・「働きながら族」がいかんなく能力を発揮できる組織の構築

　・「働きながら族」が在宅で仕事ができる仕組みの構築

に着手されることを希望しております。

5　社外にＰＲしよう！

　現在の社会において、「働きながら族」がいかんなく能力を発揮できる職場づくりは、とても素晴らしいことです。

　組織・企業としての「働きながら族」対策については、積極的に社外にＰＲしてください。良い取組みはどんどんＰＲするべきです。

　日本人は奥ゆかしいので、

　　・いずれわかってくれる

　　・石の上にも三年

の意味を取り違えています。

　"いずれわかってくれる"については、伝えなければ伝わらないのです。

　"石の上にも三年"については、ただ３年待っていれば良いのではなく、私は、できるかぎりの行動を頑張って３年続けると道が開けてくるという意味だと理解しています。「働きながら族」対策をまず実行してみる。そして、成果が出たら積極的にＰＲするのです。

　ここで提案です。

　第２章 **9** で説明した"ビジネスは「有言実行」"だということを覚えていますか？　自社にプレッシャーかけ、必ずやり遂げるためにも、ＰＤＣＡの「Ｐ：Plan：計画」の段階で社外にＰＲするのです。

　つまり、「働きながら族対策」実施の計画段階で社外にＰＲしてしまうのです。ただし、この場合、綿密な実施計画の立案が必要であることはいうまでもありません。

　綿密な「働きながら族がいかんなく能力を発揮できる組織づくり計画」を社外に公表したうえで実行に移すのです。

　一口に「働きながら族対策」といっても、第4章で説明した内容を中心にさまざまな施策がありますので、できるだけ体系的に計画を立案したうえで、どのような成果を出すことができるのかについても具体的に明確化しておくのです。

　社外にPRする場合、マスコミに取り上げられることが最大の目的かもしれません。しかし、自社の取組みをマスコミに取り上げてもらうには

　　①社会的問題の解決

　　②組織の利益につながる

が重要だと思われます。

　「働きながら族」の活用について、"①社会的問題の解決"とは、

　　・働くことに制約がある人が働きやすい職場環境を実現している

　　・働くことに制約がある人に雇用する場を積極的に提供している

ということになるでしょう。このように社会的問題の解決という、いわゆる「社会性」だけでもPRネタになるのですが、営利企業が取り組む場合、かえって「思惑」が透けて見えてしまう可能性があります。その対策として、"②組織の利益につながる"こともPRしてしまうのです。

　働くことに制約のある人が働きやすい職場環境を実現し、積極的に雇用していくことは社会的問題の解決ですが、同時に自社にとっても、

　　・有能な人材の確保

　　・人手不足の解消

　　・強い組織の構築

を実現できる良い機会であることをあえてPRすることで、「押しつけがましさ」や「嫌味」がなくなると思われます。

6　「働きながら族」が「働きながら族」を助けよう

　私自身が元「働きながら族」であったことを前に述べましたが、「働きながら族」であったからこそ、本書が執筆できていると思うのです。

　そして、「働きながら族」の気持ちは「働きながら族」にしかわからないということを少しでもなくすことが本書の目的の一つでもあります。

　では、元「働きながら族」として、現在の私はどのような状態なのか。現在は「働きながら族」ではありませんが、広義の意味では次のような畑の違うさまざまな業務に携わっているので、「働きながら族」の仲間に入れてもらえるのかもしれません。

・経営コンサルタント業務
・マネジメントシステム審査業務
・社会保険労務士業務
・行政書士業務

　さらに2016年6月からは本書を含めて3冊の書籍執筆や、新規コンサルティングツールの策定および例年以上に多くのコンサルティング依頼もあり、7月以降で土日に休んだのは……覚えていません。もちろん正月も仕事です。

　しかし、私は起業しているので「やらされている感」はまったくなく、むしろ楽しんでいます。

　プライベートでも仲の良い尊敬する先輩コンサルタントのK氏とも、会ったときの口癖は、

「わしら忙しくて幸せだなぁ」 です。

このように多忙な日々を送っているのですが、ありがたいのは、

どこでも仕事ができることです。

ノートパソコン1台あれば、職場や所在地を選ばず、どこでも仕事ができるのです。ですから、私が本当の意味での「働きながら族」に復帰したとしても、業務遂行にはあまり困らないのが現状なのです。

さらに、携帯電話も仕事上の連絡は一日一本くらいしか鳴らないので、携帯電話の電波が忙しく追ってきて拘束されているという感覚はありません。ただ、メールはどこまででも地球の裏側までも追いかけてきます。

主たる連絡手段を携帯電話からメールへ意図的に移行した方であれば理解していただけると思うのですが、メールでのやり取りは非常に楽ですね。楽な要素としては、

・その場での対応が不要

・やり取りが文書に残る

の2点です。

士業として行政への協力の休憩中にパソコンを開いて、忙しくメールの返事を出している私を見て、同業者は、「休憩中になにしてるんですか？」と怪訝そうに聞いてきますが、それに対して私は、「たまったメールの返事を書かなくっちゃ」といいつつ、実は心のなかで、

・「僕には携帯電話からの拘束なんて無縁です」

・「メールの返答なんてとても楽なことなんです」

・「コンサル関係のメールばかりでありがたいことなんです」

と呟いています。

このような「場所を選ばず仕事が処理できる状況」は、過去の「働きながら族」の経験から意図的に創り出してきました。

元「働きながら族」の私が、少しでも現在の「働きながら族」の

役に立ちたいという想いは特別なことではなく、「働きながら族」共通の想いでしょう。

　まずは、元**「働きながら族」は「働きながら族」を助ける！**

　そして、**「働きながら族」は「働きながら族」を助ける！**

　さらに、**社会全体で「働きながら族」を助ける！**

　まず「働きながら族」に近い人たちが「働きながら族」を助けることにより、社会全体を巻き込んでいってください。

　そして、社会全体で「働きながら族」をサポートする。

　最終的には、「働きながら族」がいかんなく能力を発揮する──こんな考えをしなくても良い社会にしたいものです。

**そして、「働きながら族」という言葉が
死語になるようにしていきましょう。**

あとがき

　「働きながら族」というこれまで聞きなれないタイトルの本書をお読みいただきありがとうございます。

　この本書を書こうと思ったきっかけは、2011年秋から4回にわたる北欧スウェーデン出張です。出張の目的はあるマネジメントシステムの調査で、当該マネジメントシステム策定の議長国であるスウェーデンの担当者に会うべく行政機関などを訪ねたのでした。

　このスウェーデン訪問のきっかけは、ストックホルムのマネジメントシステム策定の担当者に出した一通のメールです。このメールがきっかけで、スウェーデン道路交通省（日本の国土交通省に該当）や世界的自動車メーカーの政府窓口担当者などを紹介していただき、実際の訪問・面談となりました。

　この話が決まったとき、「私のような一般人が国を代表するプロジェクトの責任者と会えることなど本当にできるのか？」という疑問を持ちましたが、在日本スウェーデン大使館のM氏から、「スウェーデンは公平でフラットな国ですから、特別なことではありません」との言葉をいただき、勇気を与えられ実際の訪問となりました。

　初めて訪問したスウェーデンは想像以上にフラットな国でした。

　男女の区別、健常者と障害者の区別、年齢による区別などはありません。正しくは、区別は存在しうるのですがその区別による影響がないのです（それだけフォローのシステムがしっかりしているということ）。

　『日本はスウェーデンになるべきか』（ＰＨＰ新書）では、スウェーデン人の本質の一つとして「自立した強い個人」があげられており、

一つのエピソードとしてスウェーデン人の女性から次のような話を
されたことが記載されています。

「我々は子供のころから自分でできることは自分でやるようにし
つけられているので、辛いことがあってもなんとか頑張れる」

私の母も生まれつき足が不自由であったため、母の両親から足が
不自由だからこそ自分でできることは自分でやれるように躾けられ
たとよく話していたことを思い出したのです。

私自身、「自立した強い個人」を目指しており、まだまだ実現で
きたとの自負はないのですが、少なくとも「働きながら族」は、「自
立した強い個人」だと思うのです。

この「自立した強い個人」である「働きながら族」が多数いる組
織は強い組織となりえます。

ちなみにスウェーデンでは、「働きながら族」という言葉は馴染
まないと思います。なぜか？　あまりにも当たり前すぎるからです。

わが国の組織・企業において、「働きながら族」という「自立し
た強い個人」を増やしていき、「働きながら族」の存在が特別では
なくなり、スウェーデンに負けないくらいのフラットな社会を構築
できることを期待しております。

2017年6月
　　　　　元働きながら族・現働きながら族応援団　　　山本　昌幸

【参考文献】

- 「社長のための残業ゼロ企業のつくり方」山本昌幸（税務経理協会）
- 「人手不足脱却のための組織改革」山本昌幸（経営書院）
- 「社長の決意で交通事故を半減！　社員を守る
  トラック運輸事業者の５つのノウハウ」山本昌幸（労働調査会）
- 「運輸安全マネジメント構築・運営マニュアル」
  山本昌幸（日本法令）
- 「CSR企業必携！　交通事故を減らすISO39001のキモがわかる本」
  山本昌幸、粟屋仁美（セルバ出版）
- 「『プロセスリストラ』を活用した真の残業削減・生産性向上・
  人材育成実践の手法」山本昌幸、末廣晴美（日本法令）
- 「日本はスウェーデンになるべきか」高岡望（ＰＨＰ新書）
- 「ISO 9001：2015 プロセスアプローチの教本
  －実践と監査へのステップ10」　小林久貴（日本規格協会）
- 「JIS Q 9001:2015　品質マネジメントシステム―要求事項」
  （日本規格協会）
- 「PRESIDENT WOMAN」2016年10月号
  「SOS！『昭和な残業対策』４タイプ別対処法」
  （プレジデント社）

【著者略歴】

山本 昌幸（やまもと まさゆき）　1963年生まれ
あおいコンサルタント株式会社　主席コンサルタント
行政書士・社会保険労務士事務所　東海マネジメント所長

マネジメントシステムコンサルタント、マネジメントシステム審査員として全国を行脚。
主要著作に、「社長のための残業ゼロ企業のつくり方」(税務経理協会)、「人手不足脱却のための組織改革」(経営書院)、「『プロセスリストラ』を活用した真の残業削減・生産性向上・人材育成実践の手法」(日本法令)、「運輸安全マネジメント構築・運営マニュアル」(日本法令)、「ＣＳＲ企業必携！　交通事故を減らすISO39001のキモがわかる本」(セルバ出版)、「社長の決意で交通事故を半減！　社員を守るトラック運輸事業者の５つのノウハウ」(労働調査会)。

[主な保有資格]

品質マネジメントシステム主任審査員（JRCA）
環境マネジメントシステム主任審査員（CEAR）
食品安全マネジメントシステム主任審査員（審査登録機関）
道路交通安全マネジメントシステム主任審査員（審査登録機関）
特定社会保険労務士、行政書士

[連絡先]

あおいコンサルタント株式会社
名古屋市中区栄３-28-21　建設業会館７階　☎ 052-269-3755
メールアドレス：nakagawa@bk.iij4u.or.jp
東海マネジメント・あおいコンサルタント株式会社HP
　　　　　　　　　　　　　　：http://aoi-tokai.com
ロードージカンドットコム：http://rodojikan.com

短時間で成果をあげる
働きながら族に学べ!

平成29年10月5日　初版発行

著　者　山本　昌幸
発行人　藤澤　直明
発売所　労働調査会
〒170-0004 東京都豊島区北大塚2-4-5
TEL　03-3915-6401
FAX　03-3918-8618
http://www.chosakai.co.jp/

©Masayuki Yamamoto 2017
企画・編集協力　インプルーブ 小山　睦男
ISBN978-4-86319-631-5 C2030